U0960063

融媒时代新闻传播变革与发展研究

陈　硕　著

天津大学出版社
TIANJIN UNIVERSITY PRESS

内容简介

本书属于新闻传播学方面的研究著作，共分为七章，包括了媒体融合的内涵与融媒发展、新闻传播的原则与过程、融媒时代新闻传播传者与受众的角色定位、融媒时代下数据新闻传播发展、融媒时代下自媒体新闻传播的嬗变、融媒时代的新闻传播舆论引导与法制建设、融媒时代新闻传播变革与发展的策略与路径等内容，对融媒时代下新闻传播变革与发展进行了多角度的研究与分析，明确了媒体融合的发展趋势和进程，以及新闻传播理论和实践层面的变化和发展，具有一定的理论和实践意义。本书对新闻传播领域的从业者和爱好者具有学习和参考价值。

图书在版编目（CIP）数据

融媒时代新闻传播变革与发展研究 / 陈硕著. --天津：天津大学出版社，2021.12
ISBN 978-7-5618-7108-9

Ⅰ.①融… Ⅱ.①陈… Ⅲ.①传播媒介－研究 Ⅳ.①G206.2

中国版本图书馆CIP数据核字（2022）第004157号

出版发行 天津大学出版社
地　　址 天津市卫津路92号天津大学内：邮编（300072）
电　　话 发行部：022-27403647
网　　址 www.tjupress.com.cn
印　　刷 北京虎彩文化传播有限公司
经　　销 全国各地新华书店
开　　本 787mm×1092mm　1/16
印　　张 11
字　　数 300千
版　　次 2021年12月第1版
印　　次 2021年12月第1次
定　　价 47.00元

前　言

当前，媒体融合浪潮席卷全球，世界媒体生态正在发生巨大变化。探讨媒体融合爆发的原因，可以从经济无国界浪潮对产业结构的解构与重构、技术力量对媒介融合的现实推动、以终端融合为特征的泛媒体产业生态系统的逐渐形成等方面考虑。媒体融合对新闻传播产业的影响是显而易见的，特别是当传统媒体遭遇新兴媒体时，传统媒体不得不加快整合升级的步伐。

在媒体融合的背景下，新闻生产传播开始呈现出一些新的特点。例如，在过去，传统媒体重视新闻作品，注重收视率，而记者和编辑则更注重采访的视觉效果和稿件的文字质量。新闻单位的运营模式是典型的部门驱动模式。而在当前的移动互联网环境下，新闻机构更加重视信息产品、信息的到达和共享，以及项目负责人或产品经理的内容创作、运营和传播能力。新闻机构的运营模式是用户驱动模式。对传播内容、传播语境、传播对象、传播工具和传播生态的不同理解，会导致新闻生产和传播出现不同特征。然而，只有符合互联网思维、符合中国政治文化生态的新闻生产传播才能走得更远。

媒体融合已成为媒体发展的新趋势：一方面，互联网平台上出现了大量的自媒体和UGC（用户原创内容），分割了人们大量的媒体使用时间；另一方面，微博等社交媒体的兴起，使得更多的人可以通过社交网络平台获取新闻和信息，在一定程度上取代了传统媒体的传播渠道。与此同时，以手机为代表的便携式移动终端的广泛普及以及移动应用的发展和普及，使得媒体产品的概念更加直观地呈现在专业媒体和普通受众面前，对传统媒体产生了极大的冲击。为了在市场上生存，传统媒体也开始调整它们提供信息的方式，并将其内容数字化，以满足受众的需要。新媒体的发展对人们的生产生活产生了深刻而广泛的影响，数字魔盒不断地向意想不到的“新新媒体”转变。这一切都注定了人们对新媒体的研究越来越深入而广泛。因此，新媒体研究已成为当代新闻传播学等众多学科中最前沿、最受关注的研究领域。

在这一过程中，计算机数字技术的发展也为传统媒体与新媒体的数字化融合提供了重要的技术支持。因此，在西方发达国家，在我们国家，或多或少、或深或浅，都存在伴随着媒体为了适应发展的需要而出现的行业边界模糊或消失的现象，媒体之间交叉、混合，甚至各种各样的媒体融合为信息传播交流平台。但需要指出的是，媒体融合的步伐才刚刚开始。学术界对媒体融合的研究主要集中在时效性层面和媒体运营层面，对媒体融合形势下新闻传播的发展与改革的研究较少。

本书共分为七章，包括了媒体融合的内涵与融媒发展、新闻传播的原则与过程、融媒时代新闻传播传者与受众的角色定位、融媒时代下数据新闻传播发展、融媒时代下自媒体新闻传播的嬗变、融媒时代的新闻传播舆论引导与法制建设、融媒时代新闻传播变革与发展的策略与路径等内容，对融媒时代下新闻传播变革与发展进行了多角度的研究与分析，明确了媒体融合的发展趋势和进程，以及新闻传播理论和实践层面的变化和发展，具有一定的理论和实践意义。本书对新闻传播领域的从业者和爱好者具有学习和参考价值。

本书在撰写的过程中，参阅了大量媒体融合、新闻传播方面的书籍，也引用了其中一些学者的研究成果，在此表示真挚的谢意！由于时间较为有限，书中难免存在一些疏漏之处，恳请广大读者在阅读使用中提出宝贵意见，以便我们将来更好地完善本书。

目　　录

第一章　媒体融合的内涵与融媒发展

第一节　媒体融合的内涵

在“融合”“汇流”“大媒体”“传播形态融合”以及“融合连续统一体”等词汇问世后，“媒体融合”这一用语在 20 世纪 90 年代中后期，逐渐成为代替上述词汇描述媒体发展趋势的通用概念。当时，互联网的兴盛引发了有关网络媒体与传统媒体发展关系的“取代论”和“共荣论”的争执。其中的“共荣论”，主张的就是网络媒体与传统媒体的和平共处、联合发展。同时，围绕着“媒体融合”这一概念，人们也从不同的角度给出了诸多不同的定义。

一、媒体融合的内涵

美国新闻学会媒介研究中心主任安德鲁·纳奇逊将“媒体融合”定义为：“印刷的、音频的、视频的、互动性数字媒体组织之间的战略的、操作的、文化的联盟。”纳奇逊眼中的“媒体融合”主要指的是多种媒体之间达成的合作以及组成的联盟。除此之外，“媒体融合”在道尔看来，其实是计算机技术、电子通信技术和媒体三者之间的融合。而詹金斯则对“媒体融合”的形式做出了详细阐述，分出了五种形式：经济融合、文化融合、技术融合、全球融合、组织或社会融合。

而实际上，“媒体融合”覆盖的领域非常广泛，因此许多西方学者在研究媒体融合时，选择了各种各样的角度切入研究，这其中包括从新闻采编技能的角度出发的，从媒体所有权融合角度切入研究的，站在技术融合的视角上展开研究的，等等。这些研究覆盖了媒体的各个方面，包括其内部机制以及外部环境，且对新闻传播和媒体经营的每一个角度都有所涉及。所以直到今日，人们仍未对“媒体融合”这一概念做出公认的、准确的定义。不过，尽管学者们对“媒体融合”做出了各种各样的界定，但是其中以美国南加州大学的拉里·普莱尔教授所给出的定义最具代表性，他认为媒体融合是在新闻编辑部当中发生的，从业人员一同工作，生产出各种各样的新闻产品提供给媒体平台，通过互动性内容来服务大众，媒体组织一般运行时间为每周 7 天，每天 24 小时[①]。在国内，近些年来，“媒介融合”“媒体融合”“融媒”“通媒”以及“全媒体”等名词越来越多地出现在人们的视野之中。尽管名称不尽相同，但实质上，它们所指代的就是“Media Convergence”这一概念所对应的媒体形态和新闻生产的发展趋势。从字面上看，“Convergence”有两层意思：第一，线条、运动物体汇于一点，向一点汇合、聚集；第二，两种事物相似或者相同（用于比喻义）。由此可见，媒体融合也应该具有两层意思：第一层意思是“汇聚”“结合”；第二层意思才是融合。这两层意思是有区别的。“汇聚”或“结合”虽然有一些“融合”的意思，却是低层次的“融合”，是物理意义上的；而“融合”则是将不同的媒体功能和传播手段“融化”为一[②]。

媒体融合包含广泛的内涵和外延，这个过程仍在发展和变化当中，一些研究者融合国内外实践，进行深入分析，试图给出客观的、基于现有实践的描述性定义。一些中国学者并没有就媒体融合给出明确定义，但是他们外国理论和实践，结合案例，基于媒体融合的实践和未来的媒体融合的前景，从侧面了解媒体融合。例如，有人认为“融合发展是网络媒体与传统媒体优势互补、战略重组、在新世纪占据领先地位的现实需要”。另一篇文章这样描述媒体融合：“随着媒体技术的发展，一些障碍的打破，电视、互联网和移动技术的不断进步，各种新闻媒体将会融合。”从这个角度可以看出，媒体融合的概念不仅指传媒业内不同媒体形态之间的融合，还包括传媒业与其他行业之间的融合。同时，也有人认为融合只是一种手段而非目的，媒体融合的最终目标是通过融合实现更高层次的多元化。关于媒体融合的方式，有人认为，真正意义上的媒体融合，不仅是内容的融合，更是媒体形式、结构、技术、功能、过程乃至传播方式的融合。这些讨论和理解，可以看作国内学者对媒体融合的接受和关注，也是基于国内实践的本土化考察。

从以往的研究和行业实践中可以看出，媒体融合的概念其实有狭义和广义之分。其中，狭义的概念仅指不同媒体形式的融合，广义的概念涵盖了广泛的范围和丰富的内涵，包括了所有媒体及相关元素的融合。媒体融合的演进是递进的、立体化的。媒体融合是指传媒产业在媒体形态、媒体功能、传播手段、资本所有权、组织结构等要素上的融合与演进。它不仅指这些要素相互整合的过程，也指新闻生产过程的整合，也指新闻产品在文本、声音、图像、视频、数字等形式的信息服务中的整合。

媒体融合的迅猛发展趋势无疑为新闻传播业和学术界带来了机遇和挑战。在融合的时代，只有深入了解媒体融合，回顾其发展过程，了解它的类型和特点，分析其操作流程，

---

① 蔡雯. 从“超级记者”到“超级团队”：西方媒体“融合新闻”的实践和理论 [J]. 中国记者，2007（1）：80-82.

② 王菲. 媒介大融合：数字新媒体时代下的媒体融合论 [M]. 广州：南方日报出版社，2007：21-22.

并掌握必要的理论知识和实践技能，改善媒体素养，我们才能适应媒体行业发生的巨大变化。

二、媒体融合的基本类型

媒体融合这一现象在逐渐形成的过程中被划分出各种各样的类别，而由于各学者选择的分类方式不同，因此有许多分类标准。美国西北大学的李奇·高登教授根据“Convergence”一词在各种传播语境当中表达出来的含义对美国当时比较流行的五种媒体融合的类型进行了归纳，分别是结构性融合、所有权融合、策略性融合、新闻表达融合以及信息采集融合。戴默在提出“融合连续统一体”这个概念之后，也从多年来的观察与理解中提炼出了五种模式，即克隆、融合、竞合、内容分享以及交互推广。总体来看，这两种分类存在相同之处，也有不同点。其中，第一种对媒体融合过程理论可能会涉及的各类因素更加重视，而第二种则对生产新闻时媒体融合的实际操作更为重视。许多国内学者也对媒体融合进行过划分，但划分的大致思路都是来源于这两种划分方法。为了能够全面而整体地认识媒体融合类型，接下来将从我国实践出发，从一定程度上调整和综合这两种方式，根据“媒体所有权合并”“媒体间战术性融合”“媒体组织结构性融合”“媒介技术融合”“新闻报道融合”以及“新闻从业者的技能融合”这六个类型对媒体融合的具体类型进行分别讨论。

（一）媒体所有权合并

媒体所有权整合是指媒体所有权的集中程度，是媒体组织（集团）中新闻整合的最高水平。一些美国最大的媒体集团，如维亚康姆、迪士尼、威望迪环球集团和美国在线时代华纳，都是媒体所有权合并的例子。

传媒业生产的媒体产品虽然属于精神消费商品，但也与物质产品有着相似的生产、交换、分销和消费过程。从这个意义上说，媒体从事的信息传播活动也可以被称为经济活动。媒体所有权是整个新闻传播体系的核心。从新闻传播法的角度来看，媒体所有权是某种社交媒体所有权在新闻传播法中的体现，是国家通过法律手段确认和保护某种社交媒体所有权关系的法律规范的总和。目前，中国传媒业呈现出多种媒体所有权并存的局面。同时，新闻媒体及其财产归国家所有、使用、受益和处分。媒体所有权作为新闻传播的一种法律关系，是媒体所有人的权利，每个人都有义务不侵犯其他人的媒体所有权。媒体所有权作为一种传播产权，是所有者依法享有的对自己的媒体的使用权、占有权、收益权和处置权，也可以是将自己的财产所有权按照法定形式转让给他人的权利。

（二）媒体间战术性联合

媒体间战术性联合是数字时代不同所有制下的传统媒体之间、传统媒体与新媒体之间，以自愿互利为前提在内容生产、共享、传播、营销等领域的合作。

现代的媒体共生理论认为，媒体之间只有相互依靠才能共生共荣。因此，尽管这种战术性合作的初衷是为了推销各自的传媒产品，但是联合的实际结果是双方不仅节约了资源，而且还助推了媒体信息共享的实现，做到了信息传播效果和利润的最大化。从实践运作和未来前景来看，媒体间战术性联合的形式包括如下几种。

（1）广播媒体和网络媒体间的战术性联合。这种联合是指广播电台设立自己的网站，利用网络扩大宣传，同时网络广播又具有点播互动的功能，突破了传统广播的时段限制。

（2）电视媒体和手机媒体间的战术性联合。现代手机增加了视听功能（如 MP3、MP4 等），还具备下载收看电视、电影节目或在线欣赏节目的功能。在数字无线传输飞快发展的背景下，电视和手机的联合成为必然。

（3）电视媒体和网络媒体间的战术性联合。随着互联网的普及，电视观众的分流趋势愈加明显。所以，为了保证发展，电视媒体必须转变以往的传播形态，积极接轨互联网，开辟出运用现代传播技术的全新传播渠道，学习网络媒体以改变自己的经营思路。例如近年来，中央电视台选择和吉通公司合作，在网络上面向全球直播一年一度的春节联欢晚会节目，观众可以直接从网上投票选择喜欢的节目，观看热度明显提高。这便是一种非常简单但十分有效的战术性联合形式。

（4）纸媒与网络媒体间的战术性联合。电子化是纸质媒体数字化的开端。其中最具代表性的便是《人民日报》（电子版），读者可以直接在网络上阅览纸媒内容。而随着技术的发展，众多网络阅读器纷纷出现，互联网阅读变得越来越方便简单，电子报刊也逐渐推广开来。而在美国，想看电子报刊往往需要花钱订阅。《华尔街日报》甚至还将电子版订阅户也归入发行统计当中。

（5）电视媒体和广播媒体间的战术性联合。电视与广播电台一般都隶属于广电集团，因此，它们二者之间进行战术性联合比较方便。“广播的电视版”“电视的广播版”，是这种战术性联合的基本套路。

（6）报纸和广播、电视间的战术性联合。报纸和广播、电视之间的联合，仍然属于传统媒体之间的联合。双方共享新闻资源，实现采编互动，广播和电视纷纷设置读报时间，提要性地介绍报业集团当天报纸的主要内容；而报纸则开辟专栏介绍广播、电视的各类节目。

（三）媒体组织结构性融合

媒体组织的结构整合与新闻的采集和传播有关。媒体组织结构整合后，传统媒体各层级、各部门之间的隶属关系和权力关系将发生重大变化。

传统媒体通常是垂直结构的，但随着跨媒体融合，新的媒体组织的结构必须是水平的。随着媒体融合进一步发展，传统的组织结构亟待优化改进。各种媒体在组织融合过程中，常常组合采用多样化的组织模式。比如说，在母公司的部门里使用纵向组织结构模式，在母公司与子公司之间采取横向组织结构模式。各子公司根据自身需要采用不同的组织结构模式。美国的《奥兰多哨兵报》雇佣一个团队来开发一种多媒体新闻产品，这种产品可以被打包出售给电视台。在这种合作模式中，报纸的编辑和记者可以作为合作伙伴制作电视节目时的专家，对新闻进行深度报道和解读。

广州日报报业集团的组织融合模式也非常值得借鉴。该集团在 1996 年成为得到新闻出版署批准的全国第一家报业集团，然而并未在当时展现出应有的影响力。集团在经过一段时间的摸索之后，着重发展发行推广与服务工作。经过多年来的努力，集团从报社固有功能延伸出了多个经营方向，扩宽了经营项目布局：拓展发行处功能，并成立专门的报刊发行公司以及连锁店公司；延伸广告处功能，成立大洋广告公司；扩展基建办功能，成立房地产开发公司等；开拓招待所功能，使其既可以接待世界各地宾客，又具有新闻服务中心的性质；将供应部门向外延伸，办成了新闻纸张供应公司；将印务厂的功能向外延伸，成立了印务中心；等等。广州日报报业集团正是通过与这些专门从事单项工作的公司在组织结构上的融合，在更为专业化的基础上实现了更大的经济效益，同时对人力资源的优化配置也产生了很大的推动作用。

（四）媒体技术融合

媒体技术融合是指基于数字化处理的信息收集、生产和发布过程，能实现不同媒体之间的交流和共享。

所有传统媒体都有其自身的核心技术，然而这些核心技术相互之间却没有联系，但是随着数字技术的发展，借助通信技术传统媒体的产品得以转变成可以被计算机读取的通用数字形式。计算机可以直接处理传统印刷介质的排版、编辑等；电视媒体视频得以在互联网上传播；借助网上书店，出版社的书籍可以拥有更广阔的的流通领域；数字电视推动了电脑的普及，电脑又带动了电视节目的发展。借助数字技术，各类媒体实现了各种独立技术的相互结合。

在科技进步和市场利润的驱动下，媒介形态由单一类型转变为基于综合信息网络的媒介形态，为受众提供了前所未有的全方位感官体验。媒介技术融合的驱动力和条件如下。

（1）信息和通信技术的变化。新技术将整合传统媒体的技术优势，这种“整合”不是传统意义上的替代。有几项技术发明可能会加速下一代媒体的进化：宽带无线传输；高性能芯片；存储和搜索引擎技术；新能源、新材料开发；操作系统和应用软件。

（2）市场利润驱动。一方面，新媒体涌入市场的同时，传统媒体集团也迫切渴望占据更大的市场份额，双方之间的竞争格外激烈。在此紧张的时刻，双方都展现出了非常强大的技术优势。新媒体拥有丰厚的资源，可以轻松通过网络和终端条件从事传播活动，而传统媒体有积累多年的发展成熟的传播手段与营销技巧。因此，双方在竞争中“嗅到”了合作的机会。另一方面，通信终端提供商与渠道提供商一同推动了媒介技术的融合。技术联系让媒体与运营商对彼此有了更深刻的了解，它们以此形成合作，一同发展新媒体业务，推动新媒体的发展演变。

技术融合是新闻传播领域一切融合的基础，也是新闻创新的最大动力。信息通信技术的进步，催生了一些新兴的媒体形态，如手机报纸、手机电视、IPTV、车载广播、网络广播等成为人们熟悉的术语。这些术语不仅体现了媒介在技术上的融合，也体现了新兴媒体不同于传统媒体的新特征，如媒体形态的交叉多样性、媒体功能的娱乐体验、媒体运营的一体化互动。

（五）新闻报道融合

随着各种媒体的不断融合，传统新闻正在经历一个“细分与融合”的过程。在这一过程中，新闻学与相关学科的融合自然出现。这种融合逐渐促进了新闻报道的深度发展，进而促进了新闻报道风格的多样化。新闻报道的常见形式有消息、时事通讯、评论、调查报道和新闻照片。其中，消息是新闻报道的主要形式，所有现代新闻报道形式都起源于消息。融合新闻报道使新闻报道形式呈现出立体化、个性化和互动性的特点。媒体融合后，各类媒体在一个大平台上运行，实现不同媒体之间的相互促进和资源共享。此时，一个类似“多媒体编辑”的角色负责整体策划，将不同类型的新闻报道介质——文本、图片、图表、音频、视频等整合在一起，将传统媒体和网络媒体的所有报道形式整合到网页上。

媒体融合也促进了新闻报道的互动表达。例如，所谓的“网络文本”就是交互式新闻表达的代表。“网络文本”以互联网为平台，综合运用声音、图像、文本、特效等手段，实现新闻报道形式的多样化和受众的互动表达。“网络文本”虽然还不完善，但它具有形式多样、布局生动、更新实时、互动充分等特点，对传统新闻报道产生了深远的影响。

（六）新闻从业者的技能融合

新闻报道的风格在逐渐整合，与此相适应的是，新闻采集的过程也要与之协调，这对新闻工作者的技能提出了新的要求。新闻工作者要提升专业技能，成为“多面手”人才。

现如今，我国新闻人才以编辑人员为主体，而技术人员和管理人员的占比较小，呈现出“橄榄型”的结构。而传统媒体从业人员通常都会有非常明确的分工。但是，随着媒体融合的到来，“哑铃式”人才结构将成为未来的发展方向，网络技术的发展与数字技术的广泛应用使得媒体组织对高级管理人员和技术人员的需求也越来越大。如今最需要的便是兼具艺术和技术的复合型人才。

媒体融合和新闻融合的趋势提高了对新闻从业人员的复合性要求。从宏观上看，复合型新闻人才应具备较高的外语能力、计算机能力和社会交际能力；从微观上看，记者不仅要具备采集、写作、编辑、评论的能力，还要具备制作出适应不同的新闻发布（表达）渠道的内容的能力。虽然复合型新闻人才在当今新闻从业队伍中还是稀缺人才，但通过有意识、有针对性的培养，他们将成为未来新闻从业队伍中的主力军。

第二节　媒体融合的困境与发展

一、基于“弱连接”的传统媒体融合现实困境

国家层面对传统媒体与新兴媒体融合发展的加快推进，使得传媒业深化改革的“融合议题”被深层发掘，但其实媒体融合的进程早已开启，并进行多年。分析媒体转型的困境，剖析互联网的本质，最终的目标是廓清中国媒体融合的基本逻辑，为融合理清脉络。回顾近年来的媒体融合进程，有一些问题依旧困扰着每一个当局者。

（一）媒体转型思路不清，实践未能跟上时代变化

在媒体融合实践的多年尝试之后，部分媒体集团已经小有成果，如浙江日报报业集团向着平台化和资本化路线发展，羊城晚报报业集团转型发展文化科技金融产业等，然而还有众多媒体集团依旧在寻找发展的道路和方向，有一些甚至直接照猫画虎，照抄他人的转型方式，结果却是学来了跟自身情况不相符的发展道路。由于它们没有清晰的转型发展思路，因此也就无法做到更好的融合，进而也限制了自身的发展。

行业对媒体融合有着各式各样的认识，并从认识出发探索出了各种不同的发展道路。但是一些传统媒体机构因为自身过于固化的利益格局，导致难以进行整体转型，无法确立优化转型的战略规划，所以只能被动发展，收效甚微。

（二）融合形式与内容脱节，未找到恰当商业模式

从媒体融合的提出到现在，媒体融合的实践有很多。从“报纸网络互动”“全媒体融合”到“媒体互联网”等转型策略的提出，媒体转型实践做了很多顺应时代潮流的工作，但未能收到理想的效果。例如，很多媒体可能都开设了微博账号和微信公众号，但这些平台的开设并不意味着掌握了移动互联网时代用户的偏好。很多媒体不仅未能探索出切合新平台特点的内容呈现，而且也没有找到适合自己发展的商业模式。例如，一些媒体看到了移动互联网时代应用程序开发热，于是投资开发应用程序，但由于定位不清楚，在操作过程中，仍然遵循传统媒体时代旧的例程，导致应用程序用户留存率不高，也无法真正实现其商业价值。

如何避免形式和内容脱节的媒体融合，更好地将媒体受众转变为“用户”，形成有效需求，提高用户黏性，实现信息服务的商业价值，是当前媒体融合过程中最大的难题。

（三）媒体融合格局观不够，未充分盘活各方资源

媒体融合的发展一直伴随着技术变革。然而，越来越多的媒体整合实践陷入了“如何利用互联网”来延伸其产品链的恶性循环，而未将互联网视为一种新技术、新应用。一些媒体仍然坚持传统媒体时代“内容第一”的精英思维，对互联网新技术没有清晰的认识，在各种所谓的创新实践中，缺乏概念框架和综合利用资源的意识，使得其开设的微信公众号、投资的应用程序难以为继。

现今，很多媒体也局限于各方利益的平衡，缺乏整体战略层面的转型，来制定切实可行的战略，它们要想获得媒体融合的实效，应从自身的实际情况出发，通过一系列自上而下的改革，挖掘自身所拥有的各种优质资源，以获得良性发展。

二、媒体融合之路的“症结“所在

为了进行转型融合，传统媒体尝试过许多的措施和方法，而科技变革便是融合逻辑之后的隐形牵引力。但是，想要达到融合后的一体化，并不是一件简单的事情，且遇到的阻力也是随情况而变化的，例如受到旧体制机制的阻碍或者传统媒体形成的阻力等。但是，纵观这些年的媒体融合可以看到，媒体集团对技术的认知的不同，会导致其选择的战略方

向的不同，因而它们会实施不同的融合战略。而根据对媒体融合实践遭遇的种种阻碍的研究，归纳出以下几点原因。

（一）缺乏对“用户”这一概念的深刻把握

“用户”一词通常出现在互联网公司里，而在传统媒体当中，更多使用“读者”“观众”“受众”。从名称的不同，也可以看出不同主体对其服务对象有着截然不同的认知。而传统媒体之所以选择这样的称呼，是因为在其发展的时代当中，传播和接收关系为最常见的传播关系。媒体人负责生产信息内容，并将其传播出去，而受众则是接收信息的人。但这就导致传统媒体无法事先了解观众分布，不了解观众喜好，不了解什么样的观众喜欢接收自己生产的信息。传统媒体的受众具有不可预测性、模糊性以及不确定性，所以传统媒体通常采用的“二次销售注意力”这种商业模式在新媒体的冲击之下变得摇摇欲坠。

所谓的“用户”，其实就是升华之后的“受众”。而两者之间的本质区别就是，用户是个体概念，拥有自身的实际需求与特征，例如潜在需求、个人收入、消费偏好等，并且这些需求与特征又可通过数据表现出来；而受众则是整体概念，企业与媒体无法准确地把握其中详细的、真实的需求及与其相关的数据。因此，传统媒体会选择怎样的改革措施进行融合转型，用多大的改革力度，都会取决于其对“用户”概念的认知。一些传统媒体的认知比较浅显，所以可能只是对局部的模式与流程进行改进，而一些媒体集团有着非常深刻的认识，所以可能就会从“用户”出发来进行一场彻底的转型改革。

除此之外，“用户”这一概念还可以理解为“互动”。在传统媒体兴盛时代，传播关系通常都是单方面的、线性的，并没有什么互动性。即便读者可以来信或者打电话来跟媒体产生一些互动，但是这些互动都具有滞后性，或者都只是在较浅层次上进行的互动。而随着互联网的发展，用户群体越来越年轻，年轻人成了主要的用户群体，他们十分热衷于互动。并且随着手机的普及，采写新闻变得越来越简单。因此媒体在提供信息时，还需要考虑怎样才能和用户产生更多的互动，提供给用户自由广阔的交流平台，借助良好的互动模式来留住用户。

媒体从业者对于“用户”这一概念有多深刻的认识，其实也就体现出了其对于互联网生态的了解程度。而其认知将会对其行为做出指导，所以，媒体机构决策者如果无法正确而深刻地认识“用户”概念，那其选择的媒体融合决策可能会背离时代发展方向，收效甚微。

（二）头痛医头脚痛医脚，未能充分整合相关资源

媒体融合一直是一个系统工程。传统媒体整合道路坎坷不断，常常陷入跟风和权宜之

计的泥沼。最初网站兴起的时候，传统媒体跟风建立新闻网站来推广自己，随后许多新媒体形态如微信、微博等出现，传统媒体便开始构建新媒体矩阵。而随着技术的进步，许多权宜之计显露出了弊端。传统媒体积累多年的媒体品牌和掌控的资源始终未得到充分利用。

媒体整合的相关资源，包括一些有形资源，也包括一些无形资产。例如，南方报业作为中国传统报业的重要阵地，一直在探索传统媒体的整合与转型。2009 年，提出的“南都全媒体集群”的概念，可以说是整合了南都相关媒体品牌资源，使南都品牌达到“1+1>2”的放大效应。集群内的所有媒体策略的核心思想是整合传统媒体和新媒体形式和力量，实现沟通渠道复合，围绕品牌媒体形成立体化报道，以市场份额为基础，以品牌认知为出发点，以价值传播为核心，以资源吸收为中心，最后打造一个从市场到品牌的更加深入、立体的媒体集群，简而言之就是用品牌带动南都全媒体集群，形成由媒体、行业营销、移动应用、音视频、活动等五大产品线、69 个子产品组成的全媒体产品矩阵。

再比如，大众报业集团的“区域整合”思路，也可以说是媒体融合转型成功的案例，它在实践中整合资源。2012 年，当其他传统媒体面临“寒冬”的时候，大众报业集团通过整合地方党报，以大众日报、齐鲁传媒、半岛媒体为平台，通过整合省、市两级报纸资源，优化其媒体产业结构，2012 年其财务利润超过 7 亿元，令我国其他传统媒体羡慕不已。在传统媒体的整合转型中，区域资源整合，一方面，可以实现信息和资源的相互交换；另一方面，它还有助于形成协同效应，减少不必要的资金和人力成本。在传统媒体整体衰落的背景下，可以这样说，聚在一起、寻求转机是一种很好的方式。

（三）媒体内部流程梳理不畅，外部未形成完善的生态系统

改革总是伴随着阵痛，媒体融合也是如此。近年来，传统媒体面临着许多危机，其中最严重的就是人才流失问题。优秀的媒体人才正在流向互联网公司和大型企业。一方面，传统媒体从业人员不得不重新考虑自己的职业选择。另一方面，媒体内部的变革给传统媒体人带来了巨大的压力和不适。仔细研究近年来传统媒体人离职的原因，大体上都与媒体内部改革进程不顺利有关。

例如，随着传统报纸在互联网环境下的生存压力的越来越大，一些报纸将广告压力转移到记者或编辑身上。一个记者不仅要坚守自己的职业道德，坚持公平正义，还必须在压力下移除有关“广告商”的负面报道，这对记者的工作热情是一个很大的打击。此外，报纸内部设立了新媒体部，一些记者承受着双重工作压力。一是保证报纸日常版面的正常编排，二是保证微信和微博的及时发送。对于年轻记者来说，学习新媒体编排技巧并不困难，但对于年长的记者来说就困难多了。

除了媒体内部流程问题外，媒体外部还没有形成一个完善的生态系统。许多发达传媒集团往往会涉足多个行业，不仅发展报业，还会发展文化创意业、旅游业、房地产业等。当报业的经营发展受阻时，媒体集团就可以依托自身生态系统中的其他行业，保证利润的持续增长。然而，这样的大型传媒集团毕竟还是少数，更多的媒体机构很难发展出自己的生态系统。它们往往只是专心发展报业，生产新闻内容，没有什么营销能力。因此，随着互联网时代的来临，内容价值变得越来越低，报业难以为继，媒体组织便面临着十分严峻的挑战。

但互联网的高速发展也存在着窗口期。2013 年，新媒体迈入了高速发展的行列。此时，微信公众号还正在积累与沉淀用户，获取用户的成本比较低。然而发展至今，微信公众号已经形成规模，想要获取用户也需要付出比以往更多的成本。就算是新开一个内容质量高、服务水准高的公众号，也很难如 2013 年时一下子就能获得海量的用户。

其实，媒体融合也有一定的窗口期。如果媒体未抓住机遇，错过了发展的黄金时期，它们可能会在以后花费更多的钱来求得发展。此外，传统媒体本身具有良好的内容制作和整合能力，应联合渠道、营销力量大力推动媒体整合进程。“用户” + “内容”，再结合强大的营销力量，传统媒体势必能在媒体外部打造出一个完善的生态系统。

三、媒体融合的发展历史

20 世纪 90 年代以来，新闻业在技术、消费者、产业等方面发生的变革，共同构成了媒体融合的产生背景和内在动力，使之成为一股喷薄而出的潮流；而反过来，这股潮流所形成的世界趋势，又将更多的国家、地区和媒体组织裹挟其中，成为它们接受、实践和推进媒体融合的外在动力。

（一）媒体融合的产生背景

技术、消费者、产业等方面发生的变革和国际趋势一起构成了媒体融合的产生背景，并共同影响着媒体融合的广度和深度。

1. 媒体融合的技术背景

技术进步是媒体转型的动力。技术力量正在改变媒体的现有特性。今天，计算机技术和数字技术将三种传统媒体与互联网和手机这两种新媒体结合起来。与此同时，光纤与电缆、人造卫星与计算机等结合先进通信技术，创造了一条集大众传媒、家庭生活、投资商业、私人通信、学习和娱乐于一体的“超级信息高速公路”。

总之，传统媒体借助广泛应用的高新技术得到了全新的发展，新旧媒体也在激烈的竞争当中吸收对方的优点，并在发展的过程中共同打造具有竞争性、综合性的媒体环境。

2. 媒体融合的消费者背景

随着社会的不断发展和科技的进步，人们的社会生活不断丰富，媒体消费者的消费方式也不断多样化，消费者的需求也发生了变化。而这将不可避免地增大市场竞争的强度。

随着社会和技术的不断发展，媒体消费者的综合信息需求逐渐被激发。特别是媒体技术的进步，使人类的信息传播方式和信息消费方式发生了革命性的变化。过去，媒体消费者一般通过不同类型的传统媒体“细分”消费信息。如今，他们希望通过一些方便的渠道和方式，实现读报、听广播、看电视等形式的信息消费。这种需求，无疑与媒体融合的功能和目的是相契合的。

媒体组织作为媒体消费市场中的核心力量，往往决定着市场的运行状况。但现在，市场形势已经逆转，媒体机构在媒体消费市场上受媒体消费者——受众所影响，受众成为市场的决定者，引导着媒体机构的发展。今天的受众不再满足于信息同质化的大众传播，而是趋向于追求少数内容个性化的信息服务。媒体融合的趋势是试图通过新媒体形式探索和满足受众的新需求，以更细致的方式适应社会的多样化需求，从而为受众提供更丰富的内容和更多样的渠道选择。正是在这个意义上，受众媒体消费方式的改变在一定程度上推动了媒体融合的进程。

3. 媒体融合的产业背景

媒体融合涉及的产业非常广泛，包括电子制造、广播电视、信息通信等，而这些产业的市场结构、组织、规模等多会对媒体融合的程度和范围产生制约或者促进效果。其中，信息通信、广播电视产业对媒体融合的影响最大，它们控制着传输网络、受众与用户以及信息内容，因此“无处不在”的媒体融合要从网络等领域将这些产业之间的壁垒打破，由此获得更好的发展。

4. 媒体融合的国际背景

如今在国际上，媒体融合的趋势愈演愈烈，越来越多的媒体组织都开始为了顺应时代的发展而不断地进行结构的转型、调整、升级。而在这种趋势之下，媒体融合拥有了良好的发展环境与强大的外部驱动力。国外曾做过一次调查，结果显示，几乎世界上的所有国家，其媒体公司都在寻求多媒体整合运营的方式方法。媒体组织们已经对媒体融合有了普遍的认可。除此之外，全球化的发展让东西方文化产生了更加深入且高频率的交流，相互之间不断学习、融合。市场的国际化使得新闻机构逐渐在世界范围内争夺市场份额，越来越多的跨国媒体发展壮大，并涌入其他国家的市场当中。

总而言之，媒体融合拥有非常复杂的背景，它源自媒体技术的发展与进步，为了满足消费者需求而产生媒体创新，加之国际化和产业发展导致外部环境变化，媒体融合正是这内外的多方因素相互影响之下所产生的综合结果。其中，媒体融合的真正价值是由消费者需求决定的，而媒体融合的前提就是媒体技术的进步，传媒业在相关法律法规颁布之后有了可遵守的详细行为准则，国际化的融合趋势是所有媒体组织不可忽视的外部压力和推动力。媒体融合的产生背景具体如图 1-1 所示。

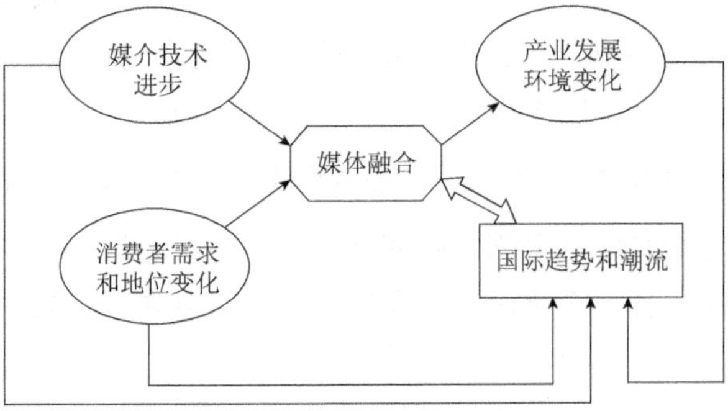

图 1-1　媒体融合的产生背景

（二）媒体融合在我国的兴起与发展

“媒体融合”概念第一次出现在中国还是在 2005 年，当时这个崭新的概念引起了许多媒体组织的广泛关注。但其实，中国的媒体融合很早就已经开始进行尝试和实践了。

1. 报纸、广播、电视等传统媒体之间的联动阶段

中央人民广播电台最早在 1950 年通过摘要形式向群众播发报纸当中的重要新闻。此时，节目的名称为《首都报纸摘要》，之后几年变换过几次名字，最后在 1967 年固定为《新闻和报纸摘要》并沿用至今。该节目为了提升新闻实效，在 2008 年底开始采用直播方式播出。

1997 年，为了全方位地了解各媒体的信息，《大众生活报》设置了“新文联动”栏目，全方位监控早晚间新闻和广播、报刊、中央与地方的电视台。

这个阶段，我国的电视媒体和报纸、广播之间进行了良好的互动，使得新闻资源得以发挥出最大效益。

2. 传统媒体与网络的“报网互动”阶段

自 20 世纪 90 年代后半期以来，国内传统媒体与网络媒体融合形成的跨媒体集团纷纷登台。典型的实例如北京 9 家传统媒体和上海 14 家传统媒体分别与网络媒体共同组建的北京“千龙网”和上海“东方网”。与此同时，不少的传统媒体相继创办新闻网站，实现媒体功能的融合和品牌的延伸。

从国内目前的媒体融合实践情况来看，网络和传统媒体的整合与交融最主要体现在报网互动上。各报业集团几乎都对报网互动进行了尝试。例如，河南日报报业集团下的《河南日报》与河南报业网曾共同主办《焦点网谈》栏目。浙江日报报业集团与浙江移动、浙江在线合作开通“浙江手机报”，推出全国首家数字报纸。此外还有上海解放日报报业集团的四个“I”（电子报纸、电子杂志、数字新闻视频、手机报）工程等。

3. “第五媒体”与其他媒体的融合阶段

就在互联网被称为“第四媒体”不久后，由手机报纸、手机视频、手机广播、手机电视等组成的手机媒体作为继报纸、广播、电视、互联网后出现的“第五媒体”，悄然掀起一场新的传播革命。

科技的快速发展，让手机拥有了越来越多的功能，人们借助手机不仅可以进行通信，还能看电视、听广播、从互联网上浏览新闻等。

当手机媒体与其他媒体融合之后，逐渐发展出了多种传播形态，例如手机报、手机新闻、影视平台、与电视联动、等。

（1）手机报。手机报指的是将手机作为载体，通过电子化传播手段传播传统报纸杂志的新闻信息的媒介。和报纸相比，手机报完全不会受到时空限制。我国第一份手机报出现在 2004 年，为《中国妇女报》（彩信版）。同年，《距离》首发于北京和上海，它被称为我国第一部手机小说。2005 年，手机报迎来了发展的高峰期。次年，绝大部分报社几乎都开通了此服务。2007 年《人民日报》也发行了手机报。

（2）与电视联动。通过手机媒体和电视媒体之间的联合，观众能够使用手机进行留言、投票，以此参与电视节目互动。这种方式被广泛运用在我国的娱乐节目、体育比赛节目等节目当中，在当时，人们都非常乐于通过手机短信来参与电视节目互动。

（3）手机新闻、影视平台。2005 年 1 月 1 日，上海文广新闻传媒集团（SMG）和上海移动合作，开通国内第一个面向全国用户的手机电视平台——“梦视界”，这标志着中国手机电视业务从“测试级”升级到了“运营级”。

2005 年 3 月，国家广电总局给上海文广新闻传媒集团颁发全国首张 IPTV 执照，准许其开办以电视机、手机为接收终端的视听节目传播业务。

2005 年 7 月 11 日，由上海文广新闻传媒集团所属的“SMG 手机电台”正式在沪开播。这是国内首家“手机电台”。

2007 年 7 月，上海推出全球首个专为手机电视打造的个性频道——“第五媒体”频道。

2007 年 10 月，中共十七大期间，央视国际推出中国首个视频手机杂志《手边——“十七大”特刊》。

2007 年 12 月 18 日，中央电视台移动传媒正式开播，同时，央视国际移动传媒有限公司宣告成立。

从以上“第五媒体”与其他媒体的融合发展来看，不难发现它们之间的融合已经越来越紧密，范围越来越宽广。从目前媒体融合的情况来看，媒体融合的趋势之一是“三网合一”，即现有的电信网络、计算机网络以及广播电视网络相互融合，逐渐形成一个统一的信息通信网络系统。

4. 传媒集团尝试融合式工作流程和组织结构的实践阶段

这一阶段的典型案例如广州日报报业集团、烟台日报传媒集团等的尝试。

“滚动新闻部”是广州日报报业集团在媒体融合方面的一大尝试。作为报纸、网站和手机报之间的纽带和桥梁，它协调着三者之间的关系，其工作流程如图 1-2 所示。滚动新闻的首要特点是快，它打破了报纸的出版时限，将刚发生或正在发生的新闻通过大洋网、手机平台发布给读者，抢得了新闻的第一发布权。滚动新闻部以新媒体的姿态出现，逐步实现新闻生产流程的多样化，以文字、图片、音频和视频等多种形式呈现新闻 。

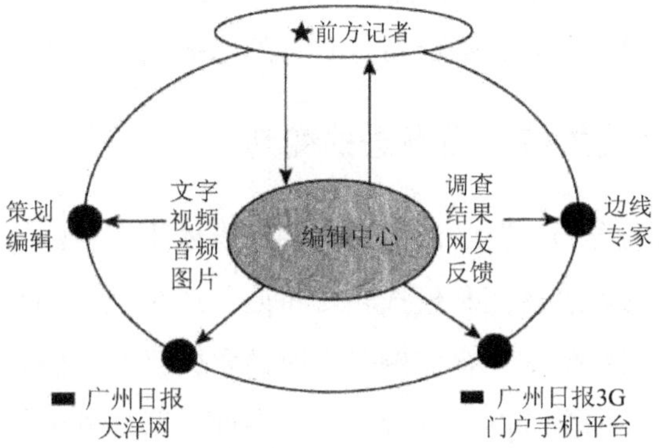

图 1-2　广州日报报业集团媒体工作流程

烟台日报传媒集团从 2007 年开始实施全媒体战略，研发出“全媒体数字复合出版系统”，经过实验之后，逐渐发展出拥有自身特色的全媒体框架，对集团化业务流程、运营体系等进行重塑。第一，在集团总体框架内搭建一个统一的数字信息发布平台。第二，在集团层面构筑一个统一的全媒体方阵，以“全媒体数字复合出版系统”为载体，组建了全媒体新闻中心。这个中心相当于集团内部的“通讯社”，集团所有记者都集中在这里。第三，整合新旧媒体形成一个统一的全媒体内容生产链。在这一链条上，新闻内容传播大致分为四个层级，即第一层级的新媒体，第二层级的纸媒，第三层级的内参以及第四层级的电子出版物。该链条按照传播速度的快慢，通过多种媒介逐级发布、传播信息，满足不同受众的多元信息诉求。第四，聚合集团之力打造一个统一的 YMG（Yantai Daily Media Group）品牌。在实施全媒体战略的过程中，原有的烟台日报记者、晚报记者、晨报记者等都集中到一起，不再被称为某个报纸的记者而被统称为 YMG 记者。YMG 记者由此开始活跃于新闻采访一线。烟台日报传媒集团通过构建新的全媒体框架，在拓展传统媒体的资源优势、发挥新媒体的独特优势、形成集团舆论宣传合力等方面已初见成效。

媒体融合实践在全球范围取得了非常可观的成绩，但同时也暴露出了许多问题。例如，一些媒体组织创立出报纸的电子版之后便认为完成了报网互动，忽视了众多细节；还有一些媒体在联动时没有明确权责。除此之外，制度和行业上的壁垒也在阻碍着融合的进行。这些对融合产生影响的因素还需要媒体组织多加克服和调整。

四、媒体融合的未来发展趋势

现如今，媒体融合已经变成了一种经营模式，媒体融合时代已经到来。但是我国因为内部环境、新闻行业发展情况等因素，在媒体融合方面仍需要进一步寻求更好的发展道路。但是，新闻传播就是为了满足社会需求和受众需求而不断发展的，这是新闻传播最基本的发展规律，因此，媒体融合也应遵循此规律。所以，为了满足社会需求和受众需求，新闻业的媒体之间进行相互补充、融合乃是必然的趋势，且主要体现在以下几方面。

（一）媒体生态将发生持续而渐进的变动

在深层次上，在“融合为王”的汹涌浪潮中，媒体生态将经历持续而渐进的变动。一方面，媒体融合所带来的观念转变和模式转变将或多或少地影响与媒体系统相关的其他社会子系统。例如，在文化系统中，媒体融合中所蕴含的互补、融合、协调的概念将逐渐渗透到文化系统中，成为文化系统的一部分。另一方面，其他社会子系统的发展成果也可以为包括媒体融合在内的媒体系统的发展提供新鲜的血液和强有力的支持，从而更好地推动媒体融合的进程。具体到与媒体融合密切相关的新闻改革，中国新闻业正经历着一场体制改革。原先以事业单位形式存在的媒体，将有很大一部分变成企业，形成事业单位与企业单位并存的“双轨体制”。同时，在媒体生态不断变化的背景下，推动媒体融合的重要因素集中在媒体内部管理机制或运行机制的创新上。目前，南方报业传媒集团、广州日报报业集团、烟台日报传媒集团等都在积极尝试“重构”整合后的媒体组织结构，进而推动集团内部业务流程的“重构”。

（二）传播环境不断完善、优化

产生和创造媒体组织的社会环境正在不断优化。中国国内的媒体融合虽然阻碍重重，但依旧在不但完善、发展，因而传播环境也将变得更加适宜。随着改革的到来，社会发生转型，随着构建和谐社会目标的提出，媒体融合也找到了一条长久的发展道路，即实现和谐目标。一些学者认为，其实媒体融合就是“文化冲突、融合、认同”过程。所以要想进行媒体融合，最关键的就是要把传统文化转化成媒体融合文化。面对自身，要站在文化结构这一基础上，筛选提炼外来文化，将其优势纳入自己的文化；对于“外来者”来说，要努力寻找共同点，对自己进行适当的改造和适应。通过这样一个逐渐渗透、演变、互动的过程，不同媒体依托文化的融合，逐渐实现了真正意义上的媒体融合。

综上所述，媒体融合作为信息社会发展的必然结果，也是新闻传播实践中的重大创新，必将带来一系列新闻传播理念的深刻调整。当然，由于各种因素的限制，在媒体融合的过程中仍有许多困难和困境，但这种趋势是不可避免的、必须面对的。

（三）理论和技术进一步提升

媒体融合无疑是新闻传播实践中一种鲜活的现象，但应该从理论的高度对其进行定位和推广。虽然很多学者从不同的角度解释了媒体融合的概念。然而，目前学界还没有对媒体融合进行系统的研究和深入的探讨，也没有形成对媒体融合的统一定义，在媒体融合的相关研究中还存在着歧义、交叉、缺乏实践指导等问题。因此，现有的媒体融合理论需要进一步的突破和完善。

在实践层面上，主要问题之一是技术再开发和再成熟。目前，媒体融合的配套技术在不断创新和完善，但还远远不够。蓬勃发展的受众市场和需求，必然要求媒体融合技术在不久的将来再一次飞跃到一个新的高度。具体来说，在数字技术革命的推动下，电信、广播、电视和出版等行业的边界日益模糊。传统媒体产业的纵向整合结构正逐步分裂为横向整合结构。

第三节 媒体融合的动因分析

传媒企业对技术、制度和市场进行的创新是媒体融合的源头，技术创新是媒体融合的开端，制度创新则是强大的加速推力，而市场创新是进一步深化，产品创新为最终表现。因此，在如今新媒体技术飞速发展的环境之下，媒体融合的出现和发展都是必然的，是趋势所在，而媒体融合发展的动因分别来自政治、经济、技术、文化等方面。

一、政治动因

大众传媒具有强大的社会影响力，且媒体资源是稀缺资源，故政府需要对媒体进行监管。毫无疑问，政治权力在媒体发展中曾起到过或积极或消极的作用。从媒体融合发展的历史来看，政治生态曾一度是媒体融合发展的重要制约因素。然而，媒体融合需要一个相对宽松的政治环境。当技术成熟后，政府放松管制和给予政策支持将成为其深入发展的内在保障。

在不同的时代，政府对传媒业的监管表现出不同的特点。现代媒体政策的发展可以分为三个阶段。第一个阶段是从 19 世纪到第二次世界大战爆发。政府监管的目的是促进市场竞争，遏制市场垄断。第二个阶段是 1945 年至 1990 年，政府的政策取向集中于充分发挥媒体的公共服务职能。第三个阶段是 1990 年至今，政府政策的基本特征是全球快速发展。公司力争政府放宽管制，以便在国际国内市场开拓发展空间，政府逐步结束监管者的角色。

改革开放以来相对宽松的政治环境是中国媒体融合试水并蓬勃发展的必要条件，良好的政策环境已成为推动媒体融合的关键因素。2006 年 5 月中共中央办公厅、国务院办公厅发布了《2006—2020 年国家信息化发展战略》，为今后的信息化建设提供了纲规性的指导。2014 年 8 月，中央全面深化改革领导小组会议通过《关于推动传统媒体和新兴媒体融合发展的指导意见》。习近平总书记在会上强调，“推动传统媒体和新兴媒体融合发展，要遵循新闻传播规律和新媒体发展规律和新兴”，“建成几家拥有强大实力和传播力、公信力、影响力的新型媒体集团，形成立体多样、融合发展的现代传播体系”。自此，中国新闻通信业开启了全面推进媒体融合的新时代。

随着电信网、广播电视网和互联网的日益融合，三网融合已成为“地球村”的国际趋势。1996 年以后，许多发达国家开始了电信网、广播电视网和互联网的一体化进程，直接允许广播电视业和电信业相互渗透，实现了三网不同形式和不同程度的融合。随后，世界上其他国家也出台了相应的政策，促进三大网络的融合。2010 年 1 月 13 日，国务院常务会议决定加快推进电信网、广播电视网、互联网三网融合。这被认为是从政府层面促进三网融合的实质性进展。由此可见，中国正在将媒体融合作为一项国家战略加以界定和实施。在政策的强力推动下，媒体融合必将乘势而上，培育新的经济增长点，积极探索新的出路。

但是有一点我们仍需要格外注意，那就是对于传媒行业来说，媒体融合是媒体根据技术平台所衍生的具有进化能力的一种自生产机制，可以非常深刻地展现出传媒行业发展和运行的内在规则。而作为正在不断完善发展的媒体进化力量，媒体融合在刚开始难免是存在问题和瑕疵的，需要政策法规将其积极的一面放大，将其消极的一面规避，保障传媒业向着一个正确的方向发展。

二、经济动因

经济研究者认为，新兴的经济竞争战略刺激传媒集团日益向跨媒体产业的形式发展，经济因素无疑成为媒体融合的一个动因。市场竞争对媒体有不可避免的影响，受众的消费需求对媒体有一定的刺激作用。为了应对日益激烈的市场竞争和满足消费者的需求，媒体不断地努力尝试和探索，这源于商业利益的驱使。在市场中，媒体作为经营主体，只有将自身的经营状况直接与自身的生存和发展相联系，才有不竭的动力和热情去探索和实践媒体融合。

目前，从经济学角度探讨媒体融合的文献较多。如王菲曾以“产业链”为研究视角，通过分析产业链在融合过程中的变化来探讨媒体融合的规律。她认为，“规模”与“差异化”是媒体融合形成与发展的内生逻辑。

范围经济理论和规模经济理论对媒体融合理论有着非常深刻的影响。在道尔看来，规模经济是竞争的起点和结果。在专业合作与社会分工发展的背景之下，规模经济变得愈加重要，各类经济活动都会尽可能地追求规模经济。范围经济和规模经济让综合性媒体机构能够借助各种信息平台例如电视、网络、报纸等降低采集新闻的成本，增加平台的收入来源。

道尔相信，经济的全球化与媒体融合让媒体在一定程度上倾向于将媒体内容包装成多样化的形式。也就是说，道尔希望我们针对媒体内容进行更多的思考，要找到更多的渠道，从而在更多的市场里将产品销售给更多的消费者。媒体产品要实现自身价值，就必须让受众的需求得到满足。而市场竞争过于残酷，所以每一个跟随市场引导而发展的媒体都对媒体融合极为关注。而我们可以从使用与满足理论当中发现，使受众不受时空约束更便捷地接收信息是媒体融合发展的强大推动力。

然而，在媒体融合的时代，无论是信息的生产成本还是消费成本都大幅降低。此时，主流产品不再占据绝对多数的市场份额。相应的特色产品，甚至“不受欢迎”的产品，其市场份额可能等于甚至大于主流产品。市场曲线的长尾已成为传媒业利润增长的新来源。来自市场的压力迫使媒体关注不同受众的需求，采取大众传播策略。媒体如何在大整合中整合自身资源，使内部分工更加细化，如何形成自身的竞争优势来吸引受众，一直是媒体融合在市场层面需要探索和解决的问题。

三、技术动因

媒体融合是多种因素共同作用的结果。如果没有相应的条件，媒体融合可能不会成为在全球掀起浪潮的一种趋势。然而，不可否认的是，通信技术因素在整个过程中起着至关重要的作用。没有技术的支持，媒体融合只是纸上谈兵，永远不可能成为现实。可以说，技术因素是媒介融合的前提。这里所说的技术主要是指以互联网为代表，以数字技术为基础的通信高科技。技术因素不仅作为媒介融合不可或缺的支撑条件出现，而且直接参与媒体融合的实践。最先提出融合概念的是普尔，他从技术层面感受到了媒体融合的可能性。这种可能性是指各种媒体多功能融合的趋势，即随着媒体行业宽带网络、文件压缩等数字技术的发展，媒体行业的边界不断被打破。

在数字技术的支持下，信息内容共享得以实现。媒体在内容形式方面的壁垒被具有兼容性的数字传播技术打破，媒体内容不再有归属。每一种媒体都能生产与传播各种各样的内容产品。尼葛洛庞帝做出过预言，他认为未来的计算机将不再仅是计算机。全世界都在技术革命的推动下来到了全新的信息时代当中，人们的生活已经离不开数字化。媒体传播技术和信息处理技术在刚开始是相互独立的，彼此之间界限十分清晰。此时计算机负责处理和管理文字、数字、信息，电视、电话和无线电则负责传输声音与图像。而数字技术的应用让“0”“1”两个数字得以包罗万象，这使得信息处理开始与媒体传播有了交集，互联网、电视、广播等媒体相互交融，信息内容实现共享。

随着Web2.0时代的来临，开放、分享成为时代的主要特征，新闻业在技术的支持下发展出了成熟的媒体话语体系。而多媒体元素让网络新闻拥有了“多媒体语法”，包括超文本、链接、标签、移动图片、图表、图纸、地图等多元化表现手段。例如，新华社推出了“中国新改革”“地球绿飘带”“变革与重塑——解码达沃斯”等一系列多媒体整合报道，在内容表达和声音表达上都进行了媒体融合的尝试和创新。

此外，网络技术的发展为信息平台的建设提供了支撑。网络本身具有传输成本低、信息容量大、信息链接方便等特点。网络信息技术为文本、图像、声音、视频等多种信息表现形式的融合提供了技术支撑。例如，基于Web2.0技术产生的博客、播客、微博、微信等新媒体形态的繁荣，推动了媒体融合的发展。在未来通信系统的建设中，为了完成媒体融合的任务，必须构建一个新的用户平台，而数据库是其技术核心，能使平台有效运行。这个平台能否适应未来的传播关系，能否长期服务大众，能否完成其社会功能，是评价媒体融合成功与否的根本前提。

在移动互联网飞速发展的时代，“用户”变得格外重要。大数据时代，企业可以通过数据库对用户的偏好进行准确的定位和详细的了解。以芝加哥论坛报为例，首先，核心付费用户只要付 10 美元对于论坛报网站上的内容就可以一览无余，用户数据库也会大量收集这类用户的信息；其次则是注册用户，这些用户只要填写基本信息，就可以看到一部分的付费内容；最后便是免费用户，他们能看到的都是免费内容，不过数据库也会记录其浏览页面的时长。这就是该报业集团形成的“金字塔”型用户数据库。在《芝加哥论坛报》的副总裁看来，他们必须与用户建立起一种长期合作、信任的关系，让用户能够从这里得到有价值的信息。他们选择借助大数据来分析海量数据，以此更深入地研究用户行为、用户喜好等，摆脱传统媒体那种被动的局面

四、文化动因

有学者认为，文化是人类活动和人与人之间的社会互动。可见，文化是人们生活的方方面面，它反映在人们对政治现象、经济现象以及其他社会现象的观念中。文化因素可以说是将政治因素、经济因素和技术因素结合在一起的黏合剂。

从文化学和媒体环境的文化观来看，文化因素并不是媒体融合的主导因素。文化从人类的根本利益出发，反对一切损害社会平等和人类自由的行为。它批评一切不利于人类平等的利益追求。例如，人们对经济和政治利益的追求是竞争性的，这必然会导致另一部分人的利益被掠夺或占领。因此，文化本质上是反利益的。换句话说，文化利益不是被驱动的利益，也不是有目的的利益，而注重人们利益之间的协调，注重共赢和共同进步。

对于当前中国的媒体融合而言，现有的文化积淀已经形成了媒体融合的深刻内涵。在对外开放的背景下，中国媒体的发展可以融入世界媒体发展的洪流，与世界媒体融合的实践大致同步。

正如胡正荣教授所说，中国的媒体整合还没有在价值层面完成，很难直接从制度层面进行改革。融合并不代表部门的简单组合，它是媒体内容生产的一种自然选择，它是一个过程而不是一个结局，仍有一些部门为了同一新闻来源而相互掠夺资源，既浪费人力，又浪费时间。

Jenkins 认为，整合是一个自上而下的由公司驱动的过程，也是一个自下而上的由消费者驱动的过程。如果双方能够建立合理的对话合作关系，就会有相应的概念沟通和融合渠道，媒体融合也将迈出第一步。他强调，融合的文化的形成意味着我们对媒体关系的理解发生了改变，这从我们与大众文化的关系开始，媒体承担着教育公众在政治领域给予更多的热情和主动性的新责任。例如，在中国一些影响政府决策的社会事件中，公众逐渐演变为“公民”，参与的热情也在上升。从“孙志刚事件”到“汶川地震”“舟曲泥石

流”“上海大厦火灾”“7·23动车事件”，这些都体现了中国公共部门的成长，也有利于推动媒体融合的进程。

第四节　融媒时代传媒生产流程的再造

媒体融合是指不同媒体的内容在多媒体平台之间的流动，不同媒体产业之间的合作，受众在不同媒体之间自由流动以获得最佳的媒体服务。传统媒体和新媒体在面对数字冲击和市场竞争时，纷纷选择了竞争与合作的战略，走整合之路，而首先改变的是媒体组织和生产流程。

在媒体融合时代，媒体的生产过程需要重新构建。其主要原因是媒体组织的结构和运作模式不能适应互联网技术对信息生产力的解放和网络赋权给用户带来的媒体信息权力。借鉴互联网思维，推动媒体生产流程再造，解放媒体信息生产能力，实现信息库与用户库的有效整合，是未来新闻媒体发展的重点。

一、媒体融合语境下媒体流程再造的现实需求

（一）新闻集约化生产的现实需求

传统媒体集团在采访新闻事件时往往是独立进行的，并不会合作对同一个新闻事件进行编辑和传播，所以众多媒体的多次重复采访使得它们发布的新闻都是相似的，很多时候新闻只是短短一句话，但却被各家报社记者轮番编辑传播，耗费大量人力资源。一份报纸只对自己有没有采访到新闻表示关注，完全没有站在报业集团整体思维框架里来思考如何最大化整体的利益。传媒集团创建的初衷就是为了集约化、系统化、规模化经营，借助兼并重组的方式来提升竞争力。但是如今，机构之间的“整合”全都是被行政权力推动的，并没有做到真正的“整合”。因此，想要做到集约化生产，就必须要改革传媒集团的生产流程以及组织结构，顺应互联网的逻辑而发展。

（二）新媒体对传统新闻报道范式的冲击

用户、媒体环境和过去相比已经发现了巨大的变化，传统媒体的运作流程、管理以及话语体系都受到了飞速发展的新媒体的挑战，而首当其冲的就是新闻报道范式。传统媒体在制作新闻时的工作强度随时间变化呈现出一条曲线，当截止日期将至时，工作节奏会越

来越快，之后逐渐变得缓慢，新闻制作具有随时随地截稿的特点，传统的工作流程曲线被改写，日常工作节奏起伏不定。与此同时，传统的单一新闻报道叙事形式也演变为文字、图片、音频、视频等多种表现形式并存的、有用户参与的叙事形式。不仅有专业记者的报道，也有公民提供的新闻，新闻叙事形式和风格更加多样化。

（三）新闻运营成为传播战略中的重要一环

传统媒体组织分别设立了管理部门、新闻业务部门、新闻运营部门和技术支持部门。虽然管理思维、经营思维、编辑思维和技术思维相互重叠，但往往相互抵触、相互制约，缺乏战略规划和认识。特别是传统的新闻行业，为了保证新闻的“客观性”，将业务部门与管理部门分开，这在新媒体背景下受到了很大的冲击。新媒体的运营首先强调利用信息实现庞大用户群体的聚合，并在此基础上实现信息与用户的融合。要实现融合，需要了解市场的运营状态、新媒体的运营生态以及用户的信息使用状态与心理状态。因此，在对传统媒体进行流程再造的过程中，需要实现新闻传播与新闻运营的融合，所有业务单位都应该是直接面对用户和市场的开放团队。他们需要与外部环境密切接触，他们的日常工作围绕着理解市场、开发新业务、制定解决方案和传达价值等核心过程，在此基础上建立统一的思维和对组织战略的共同感知。只有基于市场、用户和信息的经营才能达到预期的传播效果。

（四）用户崛起对“对话”与“分享”的渴求

对于传统媒体来说，读者、听众或观众只是模糊的多数。受众给媒体带来的最大好处就是在进行“二次销售”时所提供的“阅读率”或“收视率”。从新闻采编过程来看，经过采访、编辑之后，新闻作品的刊印、播出即是新闻采编过程的结束。但是在新媒体这里，每当发表一篇新稿件，便开始对用户浏览情况与传播效果进行衡量，以追求更好的传播效果，这让新媒体的资源吸附能力变得越来越强。而且用户群体在网络赋权中拥有了更强的力量。公民作为记者、政治家、企业等角色参与进来，媒体话语权力圈出现巨大改变。新闻传播已经逐渐演变成了新闻共享，从自上而下的传播转变成了双向对话。丹·吉尔摩就曾表示新闻业已经从阅读转变成了谈话。用户不再是被告知新闻的人，而是主动寻求新闻的人。而大众细分促使新闻媒体向着个性化发展。传统媒体在未来的发展里，不仅要注意尊重用户，注意分享，还要充分利用好自身平台优势，通过 PGC（专业生产内容）引领 UGC（用户生产内容），让专业内容制作和用户信息制作能够相互促进，建设良好的传播生态环境。

二、新闻媒体重构新闻生产流程的实践与探索

（一）融合新闻报道与传统新闻报道流程的对比分析

在媒体传播渠道和媒体属性的限制之下，传统新闻报道模式是具有封闭性的链式线性传播模式。传播过程在新闻作品发布之时就宣告结束，受众在其中几乎不会发挥作用。比如说报纸的新闻报道，当发生了新闻事件，报社会派记者前去采访，记者会尽力搜集更多的新闻材料和线索，在此基础上如实报道新闻。报纸编辑负责润色加工记者的稿件，处理版面，并送厂印刷。然后报社会通过邮局或分社将报纸寄给读者。读者收到报纸，阅读新闻，获取信息，至此，新闻报道活动形成完整闭环，如图 1-3 所示。

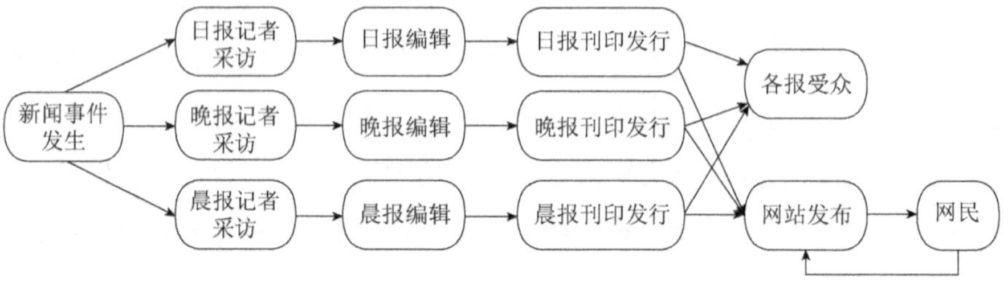

图 1-3 报社传统新闻报道流程

在当前媒体融合的语境下，传统媒体新闻报道流程的，缺陷已经暴露得比较明显，主要体现在以下几个方面。

第一，各媒体机构难以共享信息、新闻、人力等方面的众多资源。每一个传媒集团旗下通常会设立许多子媒体，且这些子媒体之间相对独立，各自有较为完整的一套报道体系。因此，当出现一个新闻事件时，往往会有多个来自同一传媒集团的子媒体前去采访，严重浪费采访成本。而且媒体之间相对封闭，并未共享各自的人力资源、新闻线索和数据库资源，资源难以进行集约利用。我国之所以建立大型传媒集团，就是为了让传媒业实现集约化、规模化经营，并使经济与社会效益最大化。共享媒体资源本是建立大型传媒集团意义之所在。但是传媒集团想要达成这一点，仍需要经过漫长的发展，从组合到整合，还需要努力建立信息采集、传播与共享的机制，改革传统的新闻报道流程。

第二，传统媒体报道过程与互联网这种信息载体传播特点明显不相符。随着媒体融合转型的加快，传统媒体受到了互联网的极大冲击，高速是互联网的一大特点，因此传统媒体首先要做到的就是“快”，此处的“快”指的是将传输过程中无关紧要的步骤和进程进行压缩，尽可能快地向用户传递信息。经过多年来的发展，传统媒体已经逐渐与互联网相

融合，采取的战略也从过去的平面媒体优先，到网络优先，再发展到现在的数字媒体优先，这些都体现了传统媒体报道过程从以媒体属性为中心向以信息过程为中心的转变。

第三，传统媒体新闻制作过程很难将用户嵌入其中。由于传统媒体固有的物质缺陷，用户与记者、编辑之间难以建立直接的反馈机制。目前，传统媒体利用热线电话、网络留言或微信互动话题进行互动，虽然有一定的效果，但互动的频率和方式过于简单，难以形成用户黏性。在媒体融合的道路上，如何将用户带入新闻报道的过程中，实现用户库与信息库的有效整合是发展的关键。

与传统媒体的新闻报道过程相比，融合后的新闻报道过程发生了很大的变化。首先，在事实的选择和呈现方面，传统媒体的表达受制于报纸的版面和广播、电视的时段等。然而，数字时代的新闻报道并不是基于终端载体的，而是以信息流为中心，实现信息的生产，加速信息的流动才是融合新闻报道的本质。

报道的内容要以媒体为导向。从全媒体战略下的新闻报道过程来看，全媒体新闻报道需要综合收集和利用文字、图片、视频、动画等材料，力求全方位、多角度、多维度再现新闻事件的全貌，具体来说就是通过文字叙述和分析新闻事件，用图片来表现精彩瞬间，用视频来提供全方位的直观印象和感受，用动画来弥补第一手图像信息的不足，从而满足各个层次观众的需求。需要指出的是，多媒体是文件格式的组合，全媒体是媒体形式。要实现综合新闻的表达，就必须使生产要素之间产生“化学反应”，达到“1+1>2”的效果，而不是简单的积累或相加。

要让资源的整合、共享得以实现。在实施综合新闻报道模式时，必须先满足优先开发与多元利用资源这一要求。在传媒集团中，资源实现了有效共享之后，新闻资源利用率也将大幅提升。建立“中央厨房”可以避免人力资源、管理资源等的浪费，从而让媒体集团能够更加专心的发展内容策划，研究内容制作，并以此实现数据库的二次营销，推动媒体运营商向着内容运营商转变。

（二）新闻生产流程再造中重点环节的解析

在对传统媒体生产流程的考察中，主要依照对“新闻采集”“新闻制作”以及“新闻传播”三个环节的流程再造进行考察与分析，把握其发展动态与方向。

1. 新闻采集方式的变革

1）传媒生态变革催生公民共享新闻

媒体融合得益于数字技术和网络传播的促进。互联网的发展直接影响着新闻传播的模式。早期的互联网是从自上而下的“个人信息”Webl.0 时代，传媒生态的变化带来了公民共享新闻的蓬勃发展，新闻传播也从职业记者的独家垄断转向了职业记者与公众的协同。

二者的互动、新闻内容的共同创造将是未来新闻传播的主要特征。

公民共享新闻是在三个因素的影响之下兴起的。第一就是科技的发展，如相机、手机等科技工具已经广泛普及，因此受众可以轻松简单地收集和分享新闻。第二，受众对获取知识比较重视，自觉地利用开发媒体信息。第三，媒体做出了积极引导。如今，信息竞争格外激烈，因此大部分媒体都会格外关注公众，看好公众的信息收集潜力并对其进行大力挖掘。

2）全媒体记者成为新闻采集的生力军

在媒体融合时代里，和单一媒体相比，集团经营变得格外复杂，新时代也对记者个人的能力与素质提出了更高要求。为了顺应媒体融合趋势，媒体集团急需跨媒体全能记者这样的优秀人才。宁波日报报业集团就适应时代趋势成立了国内首个全媒体记者团队，该团队受中国宁波网管理，且每年的团队建设费用达到 150 万元。在团队中，所有记者都配备有相应的设备，例如电脑、手机、摄像机、录音笔等，并实施“24 × 7”模式来进行信息采集，为全媒体数字平台提供优质新闻。

在推进新闻工作者全媒体化的过程中，仍有一些关键概念需要澄清。在实践中，全媒体记者的出现是媒体融合时代的阶段性特征，理想的记者队伍应该是一个具有全媒体思维、分工细致、精诚合作的全媒体记者团队。这个团队可以根据媒体属性收集和发布动态信息，无论他们是单独战斗还是集体战斗。

3）智能采编系统实现新闻智能采集与管理

麦克卢汉在《理解媒介——论人的延伸》一书中指出，“在机械时代，我们已经完成了身体在空间的延伸”，“我们正在迅速接近人类延伸的最后阶段——技术上的模拟意识阶段”。从技术层面来看，智能采编系统在信息采集和生成过程中发挥着越来越重要的作用。目前，采编系统已发展到第五代。

第五代智能采编系统采用了全球先进的基于语义的智能分析技术，在此基础上对信息资源进行采集、统计、分析、分类、聚类，为媒体编辑提供实时、有效和内容的海量数据，即适时以正确的形式将正确的内容分发给正确的人，真正实现多媒体内容、全媒体发布，以丰富媒体体验。

2. 新闻制作的理念变革与实践突破

在媒体运营的过程当中，最重要的一个环节就是新闻制作，而整合优质内容、创新报道形式便是其最核心的内容。借助内容流程再造，新闻信息资源得到更深度的开发与更加全面的整合，其中蕴藏的多元价值被广泛挖掘，内容产品的质量得到有效提高，信息产品内容的价值得以提升。

1）搭建信息共享与服务平台

为了在媒体融合的时代当中拥有更强的竞争能力，媒体必须要构建一个数字化、具有网络特性的全媒体信息共享与服务平台。这个信息共享与服务平台的内容来自公众和记者，他们提供的文本、图片、音频、视频等信息资源被收集整理到共享平台后，经过深加工被生产成多种终端产品，从多渠道、以多格式输出。

在国内，传媒集团内部首先展开了建立信息共享与服务平台的实验。比如烟台日报传媒集团，就在其内部搭建了统一的数字媒体信息发布平台，平台支持多种信息录制，如文字、视频、音频、图片等，并支持本地或远程写作以及多终端输出。除此之外，宁波日报报业集团建立了数字技术平台，该平台集合了采集新闻内容、编辑、发行与运营管理等功能，核心部分为内容制作平台。内容制作平台将网络内容和特色内容相互结合，每一位记者和编辑都可以自由地共享其中丰富的信息资源，并进行交互式编辑，通过该平台可以直接对图片、文本、视频等内容进行处理，创建内容之间的相互关系，并且还能借助数据库来进行文档管理或全文检索。内容流程在信息共享与服务平台的基础上得以再造，信息的衍生价值得到了最大限度的发挥，表达形式愈加丰富多样，有效提高了新闻的质量。

2）发挥媒体融合编辑部作用

如果说信息共享与服务平台的建设为媒体融合的内容生产提供了物理平台和智能处理系统，那么媒体融合编辑部则负责媒体融合的创意内容生产。这里主要探讨跨媒体编辑部在制作过程中的整合。在跨媒体整合工作平台下，编辑部的主要任务就是打破按媒体、按场处理新闻的模式，根据信息流的特点进行统筹规划，寻求新闻的多层次发展和差异化表达。

跨媒体编辑室将处于信息流的中心，负责新闻主题的策划、编辑的分配、后勤的支持以及全媒体内容编辑和分发。编辑也有了更多的自主权，对稿件有了更多的选择，可以更充分地与记者沟通。当然，这对编辑来说也是一个新的挑战，这不仅要求编辑具备多媒体编辑技能，还要求编辑具有适应不同媒体形式和不同用户需求的差异化编辑策略，具备敏锐的价值判断眼光和独特的创造力。

3）创新新闻报道的模式

新闻媒体在媒体融合的趋势下，努力创新着新闻的报道模式，从以往提供单一的新闻内容转变成聚合大量信息、展示事件的过程，从过去的信息产品供应商转变成经营用户平台的媒体组织。例如，美国的报业巨头《华盛顿邮报》与《纽约时报》一同参加谷歌新闻实验，由此诞生了“生活故事”这一实验产品，创新出了全新的新闻互动模式，新闻报道模式从以往的“模块化新闻”向着“聚合互动新闻”转变。

“聚合互动新闻”模式具体如下。两家报社记者会先撰写众多主体报道，之后由谷歌提供技术平台，使报社之间可以跨媒体来进行报道整合，相同主题的新闻将呈现在一个页面里，其中将包含新闻、图片、评价等各种内容，而且阅读十分方便，当用户返回页面时，内容将实时更新，原始故事将以摘要形式呈现。

3. 新闻传播环节的变革

1）更新信息传播的策略

根据道琼斯波纹信息传播理论，一个新闻事件的发生就像把一块石头扔进水里，涟漪会一个接一个地扩散开来，实现了新闻产品的实时滚动播出。

如今，随着媒体融合对商业形态的影响，最后的传播环节也发生了重大变化。参与媒体融合的传媒集团吸收了波纹信息传播的精髓，更新了自身的信息传播策略。具体方法是根据传播媒介的特点，实现梯度传播和分层传播，获得信息的反复折射传播效果，达到信息传播的最大效果。通常，媒体利用手机和网络媒体发布最新的短消息，实现动态更新；然后借助电视节目以图像的形式相对完整地再现新闻事件的现场；再通过印刷媒体对事件进行深入报道；最后网络媒体对大量的信息进行整合，以模块化新闻或聚合式互动新闻的形式呈现，方便受众参与和参考。信息通过多渠道的反复立体传播，产生了 1+1>2 的“冲击”效应。这样的传播不仅丰富了信息，也给受众带来了深刻的新闻集群印象。

2）携手社交媒体扩大传播效应

作为移动互联网时代的代表，社交媒体已经成长或正在成长为具有国际影响力的传播媒体。国内外媒体纷纷将社交媒体作为媒体融合的新平台，希望通过合作扩大自身的传播效果。一方面，传统媒体和网络媒体看重的是社交媒体不断增长的受众，社交媒体可以更好地实现信息的快速传播并提高信息的影响力，加快信息的流动。另一方面，社交媒体可以充分发挥人际传播的优势。美国的一位媒体融合专家表示，我们已经进入了新闻和人际沟通都需要的时代。新闻不仅是一种独白，而且是一种交流；只有与受众互动，才能完成完整的新闻报道。整合与互动消除了信息生产与传播之间的明确界限，改变了单向的传播方式，使整个传播过程循环连接起来，形成动态的传播过程。

第二章　新闻传播的原则与过程

第一节　新闻传播的基本原则

媒体是现代社会传递信息的纽带，有着十分重要的社会功能，对社会变革成全新的形态起到了重要的引导作用。社会也非常依赖媒体，新闻传媒应根据社会需求积极承担起应尽的社会责任，开展相应的工作。新闻传播的工作原则指的是媒体在做本职工作时的标准与准则，决定了媒体的社会角色与定位。新闻传播的工作原则会随时代背景的不同而改变。指导性、真实性、群众性、战斗性和党性曾经是我国媒体为新闻工作定下基本原则，这些原则有些依然展现着强大的生命力，但时代的发展也对新闻传播的工作原则提出新的要求。

一、真实性原则

对于新闻来说，真实就是其生命。新闻本意为对近期发生的事情进行的真实的报道，因此从本质上来看，其真实性毋庸置疑。但是在实际生活当中，一些媒体为了引人注目会捏造虚假的新闻。有时，人们认为他们看到的新闻是真的，但是却被证实是假新闻。假新闻严重影响了社会对媒体的信任度，公众的视野被模糊，是非概念被混淆，社会和谐因此遭到破坏。如果一个媒体不断发布假新闻，它在人们眼中肯定会失去公信力和权威性。

（一）关于真实性的概念

新闻的真实性是指新闻报道能够客观、准确地反映客观事物的最新动态和变化。新闻是一种社会意识形态。新闻与客观社会生活的关系在本质上是一种反思与被反思的关系。因此，新闻的真实性应包括新闻事实的客观陈述和新闻传播者对新闻事件的公正评价。在哲学中，真实有三重含义：一是指客观世界本身的运动、变化、发展及其规律性；二是认识的真实性。从这个意义上说，人的认识能反映客观事物及其规律时是“真”的，反之就是“假”的。三是指追求一种状态。正是在这种状态下，人的思想和行为达到了与规律性高度一致的程度。杨保军将这三种真实概括为存在论意义上的真实、认识论意义上的真实和实践真实。“真实性”看似很简单，但它在现实生活中的表现是多层次的，所以在讨论新闻真实性时，人们提出了以下几组关于真实性概念。

1. 新闻真实与新闻事实是客观存在的事物运动和变化的状态

一切事物都存在于特定的时空环境中。随着时间的推移和空间的转移，新闻事实也会发生变化。面对瞬息万变的世界，新闻工作者最苦恼的是面对着丰富多彩的现实，却不能完全掌握新闻事实。新闻真实是新闻记者对新闻事实的反映，是在主观领域的。无论记者多么敬业，无论采访设备多么先进，新闻都不能反映新闻事实的全貌，只能在一定程度上再现客观事实。新闻真实总是相对于一定的参照系而言的，它衡量的是新闻与其所反映的新闻事实的吻合程度。因此，新闻的真实性既有定性的规定，也有定量的规定。它在性质上与虚假相对，在数量上有限度、有程度。新闻事实是存在论意义上的真实；新闻的真实是认识论意义上的真实，既包括对客观事物的具体描述，也包括对客观事物的公正评价。此外，当参照系不同时，人们对新闻真实的判断标准也不同。

在过去，我们认为新闻真实分成两种观念，一种是资产阶级新闻真实观，这种观念是在形而上学的影响下形成的，对事实真理崇尚，但其理解和反映客观事物的观点通常是片面、孤立、静止的；另一种则是无产阶级新闻真实观，这种观念源自唯物主义，主张从现实出发，将生活真实反映出来，并善于把握事物发展趋势、本质以及真相。不同的意识形态催生出了不同的政治制度，而在制度下生存的人们也对新闻真实性产生了不同的理解。但是，随着全球一体化的进一步深入和社会的发展进步，全世界的新闻工作者都渐渐培养出了一种高尚的职业意识。资本主义制度下的国家不断完善新闻相关的法律法规，严格制定新闻审查制度，社会舆论也对歪曲事实的新闻报道做出了强烈谴责。而在竞争激烈的新闻市场中，为了得到更多的利益，媒体也开始重视新闻的真实性，倾向于播出受到人民欢迎的好节目。所以，其实无论是在哪种意识形态下的国家里，人们都会追求新闻的真实性，都会要求新闻里的地点、人物、时间、事件等是确切存在的，媒体要获得受众的认可，就必须客观公正地叙述与评价新闻事件，让新闻经得起逻辑考验和事实验证。

2. 单个真实和整体真实

具体某一篇报道中显示的真实即为单个真实，一组报道乃至整个新闻传播界当中所显示出来的真实则是整体真实。在世界当中，所有的事物相互之间都存在着普遍联系，且都在不断发展。每一个事物在某一个时间点当中的状态，既是在延续前一个运动状态，也会影响着之后时间点上事物呈现出来的状态。并且，在整个系统当中，所有的事物都和环境当中的其他事物之间存在着千丝万缕的紧密关系，其运动会因环境影响而出现变化。记者在进行采访时，如果只关注到了事物的一个局部，或者只注意到了事物的一个发展阶段就进行报道，那受众接收到的报道内容，就会有整体真实与单个真实的差别。例如，在北京曾发生了一个案件，一个大学生于学校银行当中持刀抢劫。单看这个案件，学生毋庸置疑是一个罪犯。然而，中央电视台的一档节目却对这个案例做出了更深的调查和了解。此报道也引发了观众们的思考。观众们在观看节目时得知，这位持刀抢劫的学生，来自江西，年仅16岁便上了大学，和同班同学相比，他的心理成熟程度远远还不够高。在大四的时候，因为家里贫困难以供应他上大学，所以他不得已早早在社会上打工赚学费，但是却影响了其学业，疲于奔波的他最终没能好好学习，无法顺利毕业。该同学在经过两年补修后，最终还是失去了获得毕业证的机会。根据相关规定，他将不可能拥有大学文凭……媒体将整个案例放到学生的成长过程里，放到社会环境当中来展现，引发了观众更多的思考。由于整体真实和单个真实存在区别，所以新闻媒体要尽可能把新闻事件放到更大的社会环境里来看，挖掘新闻背后的故事，而不是就事论事。并且，记者要用历史的、发展的眼光来看待新闻事件和新闻人物，不可只及一点，却不及其余。

当然，想要做到整体真实，不只需要一篇报道或者一家媒体，因为不管媒体或者记者在报道时的立场有多客观，都无法避免其自身的偏见。所以，多种媒体一同进行事件报道才能保证整体真实，当有关于一个新闻事件的多种声音发出时，受众就可以将多元信息结合起来，更加客观地认识整个事件。世界上所有的事实都是有一定情境的，而且有关事实的报道必然会被记者个人的观点所影响到。因此，为了让受众自我判断能力得到尊重，媒体要尽可能地剥离开观点和事实，让受众自行判断。此处还需要额外注意一点，那就是单个真实不是必然能整合出整体真实的，而整体真实有时可能也无法将单个真实演绎出来。受众判断整体真实和单个真实时，还会融入很多的个人思考。然而，倘若单个真实都无法保证，那就遑论整体真实了。

3. 新闻真实和本质真实

“本质真实”原本是文学领域的概念，之后被移植到了新闻学领域当中。文学就是加工与再现现实生活的艺术，它借助塑造的典型事件、人物和悬念、冲突，将社会矛盾集中地反映出来，表现出时代的主题。在文学作品当中，主题具有真实性，它会反映出在某个时代背景当中各种人的不同生存状态。比如在《雷雨》当中，鲁、周两家的社会悲剧和复杂关系，其实就是我国在20世纪的社会缩影，该作品将当时的社会生活真实再现。但是在文学作品里，无论是情节还是人物，都是虚构而成的，都是对现实人物进行加工之后所出现的。借助艺术形象来反映社会生活便是“本质真实”。当新闻界将“本质真实”概念引入之后，人们曾认为追求“本质真实”便是无产阶级新闻的特色之一。现在人们认为“本质真实”的提法是不科学的，本质总是和现象紧密地联系在一起，世界上根本不存在脱离现象孤立存在的本质。本质是一个抽象的概念，只有正确或不正确，深刻或不深刻，不存在真实或不真实的问题。此外，新闻主要是为公众提供最新事实的报道，在快节奏的、短时间的采访、写作、编辑过程中，记者可以尽可能多地验证信息的来源，确保新闻事实的准确性。至于这则新闻是否反映了事件的本质，需要经过历史的检验。提供真实是走向真理的第一步，但真实终究不能等于真理。要在纷繁复杂的现象中找到规律性，还需要经历一个非常艰难甚至漫长的过程，这是单靠新闻媒体无法完成的任务。正如李普曼所说:“如果报纸被赋予了解释整个人类生活的责任，让每个成年人对每个悬而未决的问题都有自己的看法，那么它们就显得脆弱，它们肯定是脆弱的，而且在可预见的未来它们还将继续脆弱。”

（二）新闻失实

1. 新闻失实的原因

假新闻是新闻业内的癌细胞。一旦失去了监督，它就会在新闻活动中迅速传播，严重损害新闻媒体的声誉和公信力。《新闻记者》甚至每年都会发布一份“十大假新闻”的名单，并表示会给上榜的人颁奖。当然，那些幸运的媒体、编辑和记者还没有勇气领奖。从新闻传播实践来看，新闻失实的原因有如下几个。

1）过多宣传

媒体承担着社会责任，而所有国家的媒体都有着一定的宣传任务，此时，若媒体过度重视宣传，就可能会出现假新闻。外交和政治领域的新闻，往往会出现很多普通读者无法轻易理解的晦涩语句。而在战争当中，战争权力延伸到了媒体舆论当中，因而此时的客观报道极其少见。宣传是一个正确的行为，但如果做新闻就是为了宣传，那假新闻也许就不可避免了。倘若单纯为了利益或者意识形态来发布新闻，新闻自身便会受到束缚，乃至扼杀。在马克思主义的新闻观里，新闻真实性乃是本质要求，新闻必须据实报道“真相”，才能保持“真实”。

一些学者提出了“假事件”的概念，即很多新闻事件并不是自然发生的，而是由一些人出于某种目的策划的。这种“新闻”是真实的，是对所发生的“事实”的报道，但事件是假的，是自导自演、自述的。此时的报道不再是新闻，而是媒体公关活动的一部分。媒体只有按照新闻规律传播新闻，才能真正担负起宣传的任务，才能真正提高知名度，才能真正受到广大人民群众和国际社会的尊重。

2）迫于竞争，精心制造噱头

在新闻工作中必须要遵守的首要原则就是真实性，所有人都不能违背这一原则。但是媒体市场中的竞争过于激烈，因此很多媒体为了吸引大众的注意，获得更多的点击率、收视率等，会故意制造噱头。市场竞争必须要保持秩序，必须坚持诚信。但是许多媒体为了利益却人为制造虚假新闻来吸引人的眼球，或者抓住无关紧要的小事过度放大来制造轰动效应。现代媒体处于视觉化、图像化时代，而许多人都受传统意识影响，相信看见的即是真实的、不可改变的。但是，由于现代科技被一些别有用心的人利用，使图像造假成为可能。假新闻与假图片结合起来更具欺骗性。2004 年，西安的暴雨造成了城市道路拥堵。7 月 15 日，美联社（Associated Press）发布了一张西安市区的照片，后来被证实是经过电脑处理的。照片人为地将水位从小腿抬高到腰部，放大了画面的视觉冲击性。第二天，美联社解雇了提供照片的摄影师。

3）从业者业务不精，出现问题难以解决

随着社会的发展，各种信息流、物流、人流变得越来越快，世界随着频繁的交流而变得愈加复杂。作为社会工作者，记者必须具备专业的素养与丰富的知识，他需要对各行各业都有所了解，深入研究自己擅长的报道领域。只有这样，他才能分辨出复杂事件的真假。记者拥有非常丰富的生活经验，每天都会接触到各式各样的人和事，并且担负着重要的责任，但一旦他们马虎大意，那就有可能制造出假新闻。一些假新闻的出现就是由记者与编辑没有深入地了解事情真相而导致的。比如说加拿大《卡尔加里先驱报》曾在头版刊登了一张独家照片报道海啸，照片一经发出便引起巨大轰动。但实际上，这张照片是两年前中国的钱塘江受台风影响江潮猛涨的照片，编辑没有仔细查证，反倒闹了个乌龙。一些假新闻也许是因为记者对相关知识不了解，导致其错误判断了新闻现象，尤其是在专业性较强的科技类、经济类报道当中。所以，倘若记者和编辑的专业知识不够充足，那就无法做好相关的报道。

在现代社会里，新闻媒体展现出了强大的影响力。而一些人选择借助媒体来达成个人的目标。此时，记者如果没有进行调查研究，没有从实际出发，就可能会顺着受访者的思路而制作出虚假的新闻。如今，我国正在快速转型，新闻行业也在随之发展，但在发展过程中难免会遇到一些问题和障碍。因此，记者和编辑必须不断扩充自己的知识储备，提高专业素养，只有这样才能避免假新闻的出现。记者不能简单地将自己看成一个“录音机”，单纯复述在采访中接收到的种种信息。记者应该成为正直、勇敢、善于思考、有理想的知识分子，学会在思考后形成自己的判断。

4）部分从业人员动机不良，弄虚作假

新闻传播者必须具有职业精神，要把新闻传播作为个人终身事业好好干，不可将其视为一种工具加以利用，不可借助职业来谋取个人的不正当利益。许多假新闻之所以会出现，就是因为新闻传播者没有坚定自身立场，在传播新闻时往往抱有复杂的动机。新闻传播者主要有三个方面的不良动机：第一是利用新闻事业来获取更多的经济利益；二是借助新闻传播谋取政治利益；三是借助新闻传播来拓展社会关系。

2. 新闻失实的治理方法

假新闻会严重危害社会正常秩序。假新闻不仅会玷污新闻的荣誉，还会让新闻工作者队伍受到扰乱，同时破坏市场秩序，扰乱社会治安，还会侵犯人的权利，将正义践踏在脚下。我国的新闻媒体是党和人民发声的工具，因此具有非常大的影响力。所以媒体必须担负好社会责任，真实报道国内外的经济、政治、文化等多个领域的内容，树立公信力。中国媒体也要坚持和虚假新闻做斗争，保障新闻工作的神圣性不被亵渎。

对新闻失实的治理主要从以下几个方面进行。一是改变各级领导干部的宣传观念，减少行政权力对媒体的干扰。少数地方官员没有跟上时代发展的步伐，更愿意倾听高调，拒绝听取批评。少数官员干预媒体日常工作，不讲逻辑，不追求事实，导致宣传脱离实际，严重影响了媒体的生存和发展环境。在面对突发事件和敏感事件时，政府官员应该相信事实，粉碎谣言。民主政府不应该害怕真相。第二，改革媒体管理体制，使媒体真正成为市场竞争中的主体。第三，加强新闻法制建设，依法惩治新闻行业违纪违法行为。第四，应该加快新闻领域相关法律的立法进程，使行政机关的新闻管理真正走上依法管理的道路。第五，加强新闻工作者职业道德建设，努力提高新闻队伍的专业素质。新闻机构要对员工进行严格的管理和培训，防止出现好坏混杂的新闻团队，教育新闻从业人员在自律和法律的指导下工作。

在任何时候，新闻工作者都不应该放弃对新闻资源和新闻权利的坚守，而去寻租。新闻行业的腐败也需要通过政治改革来解决。当全社会都能依法办事，依法治国的理念得到贯彻，我们相信新闻行业就没有腐败存在的土壤。

二、公共性原则

何为“公”？根据《辞海》的解释，“公”的中文含义为“公共；共同”，与“私”相对。“私”的真正内涵仅仅是指以个人生活为中心的占有形式和活动内容。公共与私人的概念只是人类的集体状态或规模状态，是指个人与集体的相对性。可见，“公共”与“私人”是一对相互定义的词语，由于公共性的流动性和相对性，不同学科的研究者对这两个词的理解是不同的。

媒体公共性研究是公共性基本理论命题在新闻传播领域的具体体现。哈贝马斯提出的“公共领域”理论是国外最具代表性的一个观点。哈贝马斯站在国家社会层面上，将公共领域与公共性视为相等的，而且是一种民主原则。所有人都可以自由且平等地将自己的愿望、信仰和倾向表达出来；只有公众批评了这些个人意见，个人意见变成了公众意见时，才实现公共性。也就是说，要实现公共性，必须保证个体有自由表达批判意见的权利。由此可见，哈贝马斯建构了媒体要坚持宣传自由、平等、民主、开放的基本原则。

（一）我国新闻媒体公共性属性

由于公共性定义的流动性，要为新闻媒体的公共性做出一个永久性的、固定的定义是不现实的。从政府体制来看，中国媒体的所有权属于政府，它代表人民进行积极可行的宏观调控。新闻媒体的宣传具有民主共享的特点。一方面，媒体的宣传并不是孤立存在的。它必须结合一些不可动摇的基本原则，包括民主、自由和平等来讨论。另一方面，就媒体体系而言，它是一种公共的、战略性的资源，具有非排他性的特点。新闻媒体的宣传具有一定的独立性。要求新闻自由的呼声由来已久。但中外媒体都不可能拥有绝对的新闻自由，都不同程度地受到“政府”的制约。然而，在世界范围内，新闻自由已经取得了相当大的进步。作为政府的“牛虻”，媒体的批评和监督功能得到了越来越多的发挥和重视，媒体的独立经营权也得到了一定程度的拓展。

从受众服务的角度看，受众数量庞大，是媒体服务的对象，公民的参与意识和政治意识正在觉醒。新闻媒体的宣传是公开的。现代传媒社会已逐渐从传播者中心向接受者中心转变。媒体服务于公众，维护着最广泛的公共利益，而公众的思维能力和批判能力也在逐渐增强，公民参与社会公共事务管理的意识和意愿也在不断增强。从媒体运作的角度来看，媒体宣传是一个抽象的概念，最终在新闻媒体的话语表达和实践中得以实现。新闻媒体的宣传是公开的。媒体的主要职责是为人们的工作、学习和生活提供有关外部世界变化的新闻和信息，从而澄清和引导人们对外部世界的认识，而不是混淆它。新闻信息的公开有助于公众知情权和监督权的实现。新闻媒体的宣传具有实用性。媒体通过议程设置、话语实践、文本呈现等具体实践活动维护和保障公众利益。对某一媒体对公共利益的贡献的判断，是以其参与公共利益事件的性质，而不是其获得的私人经济利益为依据做出的。

媒体宣传具有多样性，其一是利益方面具有多元化特征。媒体宣传的背后隐藏着错综复杂的利益关系和权力关系，且受到利益和权力的制约，因此产生了政府与公众之间利益关系问题和谁为媒体服务这一问题。其二是其反映出各方声音，反映于新闻实践里。

从上面的讨论可以看出，笔者试图避免用一句话来定义新闻媒体的公众性，而是通过对政府、受众、媒体三个方面，构建新闻媒体的公共性表现形式。同时，新闻媒体的公共性虽然植根于一些抽象的基本原则，但其核心表现形式是实用的。广义基本原则为新闻媒体的公共性提供了理论依据；宏观制度为新闻媒体宣传的生存和发展提供了制度背景；语篇和文本的实践是探索新闻媒体公共性的关键。

（二）公共新闻的起源和实践

因美国媒体的私密性和公共服务之间有着无法调和的根本矛盾，促进了公共新闻的兴起。在美国，私人媒体只追求利润，媒体不再承担公共责任，美国的民主遭到破坏，人们也不再对媒体保持信任。“公共新闻”运动的学术领袖，纽约大学新闻系主席 Jay Rosen 教授，首先提出了“公共新闻”的概念。呼吁记者报道新闻时还应该致力于提高公众获取新闻和信息的行为能力，密切关注对话和公众之间的交流的质量，帮助人们积极寻求解决问题的方法，告诉公众如何处理社会问题，而不只是让他们阅读或观看这些问题。

公共新闻出现意味着受众变成了公众。作为公众对话的平台，媒体应真实反映公众与政府的声音，是各方相互交流、辩论的平台；要从公共需求出发来确定新闻内容，要从公众关心的问题入手，确定要选择什么话题；媒体的内容要联系社会公共生活中的方方面面，比如公共安全、就业、交通、经济、教育等，表达公众的声音，体现出媒体承担的社会责任。

媒体公共宣传活动也是有争议的。反对者认为，这只是利用本地化来击败国内媒体获取广告收入的一种方式，新闻判断常常被置于公众的考虑和利益之下，大量的细节扭曲了公众的议程。政府机构、社会团体或类似的组织才应该做公共新闻，而必须保持中立和客观的媒体从业者们，也就是编辑和记者们不应该做这些事情。在 1997 年，美联社做过的相关调查显示，愿意听从公众意愿改进新闻报道的媒体高管只占 14%，大约三分之一的媒体高管认为公众和媒体之间不应建立直接沟通，而在超过 40% 的媒体高管看来，公共新闻是一种推广、一个噱头。不过有一点不可否认，那就是随着社会发展，受众的文化水平与地位都大幅提高，因此公共新闻是反映公共话语权的有益的存在。

一方面，中国媒体历来重视参与公共生活，组织公益活动。另一方面，公共新闻是我国社会主义民主建设的需要，新闻媒体有责任唤起公众对国家政治经济建设的关注和参与。

三、监督性原则

随着市场经济的快速发展，新闻的舆论监督功能在社会中发挥的作用越来越大，越来越得到社会大众和政府有关部门的重视，但与社会发展进程和人民群众日益增长的政治、法治意识之间还有差距。如何让我国的新闻舆论监督适应时代的发展，满足大众的需求，这将是摆在我们面前的一个重要课题。

（一）新闻舆论监督的内涵及特点

1. 新闻舆论监督的内涵

所谓舆论，即多数人的共同意见。所谓监督，中国《辞海》中的解释是“监察督促”，也就是说，监督包含两层意思：一是监察，二是督促，监察的目的是发现问题，督促的目的是解决问题。所以“新闻舆论监督”就是通过新闻媒介来揭示现实生活中存在的问题并促使其解决的一种舆论监督，就是社会各界通过广播、影视、报刊、杂志等大众传播媒介，发表自己的意见和看法，形成舆论，从而对国家、政党、社会团体、公职人员的公务行为以及社会上一切有悖于法律和道德的行为实行制约。公众是舆论监督主体，而各方的权力组织和工作人员、社会公众人物则是舆论监督对象。主客体之间存在许多桥梁，而最为关键的一个就是新闻媒体。在中国，群体或者个人都会借助媒体来进行“舆论监督”，以此维护法律的公平正义。这受到我国监管体系的影响。系统内部如果没有什么监督作用，公众就会对系统之外的监督报以期望。我国的媒体有三大职责，分别是宣传政策、传播信息以及舆论监督。所以，媒体必须要承担舆论监督这一社会责任。现如今，我国仍存在社会矛盾，公众需要一个缓解个人心理倾向和外部世界运行机制之间冲突的润滑剂。而新闻舆论监督就发挥着这样的作用。

2. 新闻舆论监督的特点

1）监督形式的公开性

新闻舆论监督使舆论以新闻的形式传播，面向公众，以公开报道的方式表达公众意见，反映与公共利益相关的社会问题，从而引起公众的广泛关注和参与。

2）监督范围的广泛性

新闻舆论监督将整个社会纳入自己的监督视野，社会阶层、群体以及一切违背公共利益的权力行为和社会行为，都属于监督范围。

3）监督效应的间接性

新闻舆论监督属于“柔性监督”，以公开披露的方式提供事实依据，不具有强制力。其监督效果体现在强大的舆论压力对被监督对象行为的约束，或在舆论监督的基础上，通过行政监督、法律监督等“刚性监督”形式对被监督对象行为的制约。

4）新闻舆论的客观性

新闻媒体不是一个空洞的舆论机器，它的一切活动都必须依靠对新闻事实的客观报道。新闻媒体要能够超越一般社会个人或组织的立场和视野，客观、理性地报道和审视社会事务。在表达民意方面，它们更能体现出思维的优势，对大量信息进行“筛选”和“过滤”，去其糟粕，提高纯度，表达民意。因此，新闻舆论监督具有更大的权威性、导向性和预见性，更被公众所期待和信任。

（二）新闻舆论监督的作用

1. 评判作用

通过舆论的合法监督，一些虚假、邪恶、丑陋的东西被赤裸裸地摆在读者和观众面前，放在光天化日之下，让人们去衡量、去评判。这是一种强大的、积极的社会控制力量。这种舆论的判断和监督有助于防止和抑制不正确和不道德言论和行为的发生。正是由于新闻媒体的及时准确的报道，一些事件才能够引起公众的注意和相关政府部门的注意。

2. 宣泄作用

媒体工作者要好好研究群众感情并将其中一部分选择性地反映出来，通过报纸等媒介将一些会导致群众不满的负面现象揭露，避免群众不满情绪的累积直至爆发。例如对关系到人民身体健康的食品安全问题进行报道等，设置和人们生活息息相关的议题，以此来让群众了解相关情况，并反映出人们态度，减轻人们的不满，宣泄大众的愤怒情绪。

3. 激励作用

媒体的批评可以让读者和观众从新闻报道中感受到我们党和国家对社会生活中的负面现象的关注，使他们感受到我们党和国家是有力量和能力来逐步解决这些社会问题的。正因为如此，正确的批评性报道可以激发人们对抗负面现象的信心和勇气。

我国媒体所有权和管理体制的特殊性决定了舆论监督的特殊性。大众传媒在中国是一种国有资产。党和政府直接领导主流媒体，提供经济支持。其他媒体也属于传媒集团以及党领导的各党政机关或团体。新闻媒体的重大批评报道，通常是在主管部门的指导下进行的；一些批评性的报道，最初由记者发起，经主管部门批准后方可继续报道。媒体在批评一些小问题上有一定的自主权，比如对一些基层权力组织、小企业、违法事件的批评。总的来说，我国的媒体监督在一定程度上是党和政府权力的延伸或补充。

制定新闻舆论监督法，规范舆论监督。国家对此也十分重视。2010 年 3 月 5 日，温家宝在十一届人大三次会议上作政府工作报告指出，“努力建设人民满意的服务型政府”，“要努力提高执行力和公信力”，“要深入推进政务公开，完善各类公开办事制度和行政复议制度，创造条件让人民批评政府、监督政府，同时充分发挥新闻舆论的监督作用，让权力在阳光下运行”。

新闻媒体自身的矫正是完善舆论监督的关键环节。新闻媒体要坚持正确的指导思想，与时俱进。

四、党性原则

中国共产党要求中国媒体必须坚持党性。党性原则最早是中国共产党针对自己领导的党报提出，随着在革命战争年代的发端以及在中华人民共和国成立之后的计划经济时期的发展，党性原则变成了中国党报的传统，并成为党领导媒体的方式。到了改革开放之后，我国的媒体构成越加多样，为了发展市场经济，商业媒体出现，并在市场上表现得十分活跃。而从组织角度来看，商业媒体隶属于党属媒体，且站在政治角度上考虑，中国共产党要求商业媒体也必须坚持党性原则。所以中国的每一个媒体都必须遵守党性原则，讲党性。在我国特殊的历史环境和当今特殊的社会环境下，我国媒体必须坚持党性原则，这是一个毋庸置疑的命题。

但是，作为我国新闻事业发展至关重要的因素，我们虽然经常对媒体强调党性，也经常在新闻学著作中提及“媒体党性”，可我们很少见到有人真正从新闻学的角度来解读我国媒体党性。正如武汉大学李卓钧教授所说：“在我国相当长时期的理论研究中，仅仅将新闻工作作为政治斗争的附庸，片面认为新闻事业只是阶级斗争的工具，只是政治宣传的工具，将新闻学的研究仅仅局限于政治手段的研究范围内。”我国新闻学中对于“媒体党性”的论述也往往落入泛化的政治斗争思维、简化的阶级斗争思维中。这种对于“媒体党性”的研究状况显然是不符合我国新闻事业在社会主义现代化建设新时期的实际需要的。由于我国新闻事业也参与市场经济，开始按照新闻规律开展新闻活动，那么就有必要从新闻学的角度重新来解读我国的“媒体党性”。

（一）“媒体党性”需向“以受众为中心”转变

中国共产党的一切活动最终都是为人民谋利益，党性是对党为人民谋利益活动的具体规范。中华人民共和国成立后，党一直是站在政治高度论述党性的。中国实行市场经济以后，受众地位在市场经济规律的作用下得到尊重，我国媒体在认识观念上实现了“以受众为中心”的转变，但“媒体党性”对此并未做出响应。“媒体党性”向“以受众为中心”调整具有两方面的含义：其一，“受众”是一个新闻传播学概念，中国共产党在对“媒体党性”做出思考和调整时要尊重新闻传播活动的规律；其二，中国共产党在对“媒体党性”进行考虑时要从广大公民的角度出发，坚持以人为本。做到这两点，“媒体党性”的具体内容和要求才会更加正确，才能更加有力地推动我国媒体在社会主义建设进程中的进一步发展。可以说，“媒体党性”向“以受众为中心”转变是党在新时期提出的以人为本的要求在我国新闻事业中的具体化。

媒体的党性与人民性到底是什么？所谓媒体的党性，简单地说，就是媒体必须体现党的意志，特别是要做到人民能够利用媒体对党和政府实行有效的监督；反映人民群众的呼声、愿望、要求和意见，成为人民的论坛；准确、全面地报道新闻，使人民群众能够了解我们的社会、国家和世界的真实情况，在满足人民群众新闻需求的同时，满足人民群众在知识、娱乐、社会服务等多方面的需要。可见，媒体的党性已包含人民性的全部内容，那些将媒体党性与人民性对立起来，甚至提出“人民性高于党性”的做法便是不成立的。当然，人民性的重要性也是不由分说的，人民性是媒体党性原则的灵魂所在，将人民性单独提炼出来是有必要的，这也充分说明了其重要程度。

党性在不同的历史时期当中的表现形式也有所不同，且对人民性的把握具有多样化的特点。有一点非常值得反思，那就是在历史当中，我们的新闻工作者也曾经因为没有准确把握党性原则，而犯过一些错误，这主要是因为媒体工作者没有很好地理解人民性和媒体党性之间的关系。如果媒体没有意识到在媒体党性原则当中人民性是最重要的元素，那就会犯错，如果媒体歪曲了人民性乃至于脱离了媒体党性，那就更会犯错。所以媒体工作者必须认清一个事实，那就是媒体党性原则中最重要的内容就是人民性，新闻事业之所以要坚持党性原则，更多是为了确保实现人民性，即为人民服务。媒体只有做到这一点才能真正实现媒体党性。

长期以来，我国新闻媒体被定义为“党和政府的喉舌”“国家意识形态机器”“宣传思想战线”，其主要功能是“教育”和“引导”。这样的定位和功能设置是由我国的国情决定的。随着社会信息化和民主化进程的不断推进，人民群众的知识水平、文化水平和媒体素养不断提高，单纯工具论的观点已经不能适应当下媒体—受众的关系结构。这样一来，就形成了媒体和公众之间的紧张关系：在我国当下的社会转型期和矛盾多发期，媒体承担着极为繁重的宣传和引导职责，但不少“严肃媒体”和“重大题材报道”似乎不受公众的欢迎，至今仍徘徊在市场之外；媒体希望公众接受的东西，往往不是公众感兴趣的东西；媒体所忽视或不屑于报道的对象，常常是公众非常感兴趣、渴望释疑解惑的领域，如此种种，不一而足。这种态势不仅使媒体难以圆满完成自身承担的社会职责，维系社会共识和团结，而且导致资源的极大浪费。

（二）新时期实践媒体的人民性就应“坚持以人为本”

“以人为本”是一种崭新的理念和思维模式，它统领和派生出具体的报道原则、思路、手段和方法。“以人为本”不是一句空洞的口号，有着丰富的实体性内容，体现于媒体报道领域的方方面面。

我国如今正处于快速发展阶段，经济面临转型升级，社会生活发生着巨大的变革，现代生活节奏加快，人们的心理压力也越来越大，无论是群体还是个人都在努力追求拥有更加美好的生活。但是如今我国的社会机制还有待完善，因此一些社会冲突仍然难以避免，社会不公平、腐败贪污等情况仍有出现，人们的传统道德观念和现代的价值取向之间存在着较为尖锐的矛盾。所以此时媒体组织就应该站出来发挥出引导社会的作用，坚持“以人为本”的理念，关注国人的情感，关注国人的生活，从感情上给予大众关怀，维护社会的稳定，推动社会持续发展。

媒体要将目光放到现在，放到未来，放到大局上，注重制度创新、改革的新成果，关注群众的事务，引导公民意识的提升。在报道经济相关内容时，媒体要警惕出现“拜金主义”“重商主义”，要注重宣传可持续发展观念和全面发展观念。在报道文化领域相关内容时，媒体要倡导健康的文化理念。在报道情感类新闻时，媒体要倡导现代意识，也要弘扬传统美德，维护社会秩序的稳定，在引起观众共鸣的同时，引导观众进行更多的、更深刻的思考。

第二节 新闻传播的社会效果

要研究新闻传播的效果，当然首先要从理论上搞清楚什么是新闻传播的效果。那么，新闻传播的效果是什么呢？对此学界形成了多种理论。我们普遍认为，新闻传播活动对整个社会造成的影响就是新闻传播效应，这种影响首先表现在受众的行为、观念、意识及态度等方面。所谓的新闻传播效果，指的就是最终体现出的新闻传播对社会和受众造成的影响和新闻传播目的。对于新闻传播研究来说，新闻传播效果非常重要。

一、新闻传播效果理论研究论述

（一）西方学者关于传播效果的理论研究

对于传播效果，理论上的解释也有许多不同的观点。比较系统和全面的，应该说是英国传播学者 D. 麦奎尔的说法，他把传播效果按外在形态、内在性质和作用范围划分为三个内涵层次。首先，按外在形态分，有这样三个方面：①媒体的效果，指传播媒体对受众产生的直接效果，不论其是否符合传播者的意图；②媒体的效能，指传播媒体达到预期目的的功效；③媒体的效力，指传播媒体在特定条件下，可能发挥的潜在影响或可能产生的间接效应。其次，按内在性质分，传播效果又可分为：①心理效果；②文化效果；③政治效果；④经济效果等。最后，还可按作用范围分，传播效果可分为：①对受众个体的影响；②对群体和组织的影响；③对社会机构的影响；④对整个社会或整个文化的影响。在整个 20 世纪，西方传播学者对传播效果的具体研究，更多的是着眼于传播效果的强弱程度这样的层面，即关注的是传播活动所产生的效应与威力的大小的问题。一般认为，他们的效果研究经历了以下这样三个阶段。

1. 早期的强效果论

一些传播学研究者从传播学的角度研究了第一次世界大战宣传战中交战双方的情况。在这项研究中，他们特别关注了大量的案例，这些案例中的宣传是如此成功，以至于它直接影响了战争的结果。由于当时特殊的历史条件和传播手段，新闻传播在战争中确实发挥了极其重要的作用。因此，研究人员说，战争宣传在当时是强有力的。

从理论渊源上看，魔弹理论的出现与当时被普遍接受的大众社会理论有关。根据这一理论，由于现代社会交通和通信手段的机械化和现代化，人们可以进行更长距离和更频繁的信息交流，这完全打破了传统社会中家庭和朋友之间紧密的地域联系。因此，在日益激烈的商业竞争和城市生活中，人们往往越来越非个性化，所以很容易被大众传播的信息轻易“击中”，进而被改变。其次，魔弹理论也与当时的本能心理学理论有关，这一理论在人们对信息的接受方面提倡机械的“刺激—反应”理论。该理论认为，人们对来自新闻媒体和其他社会信息的刺激做出反应，因为他们的基本人性在基因上是相似的，所以他们倾向于以非常相似的方式对相同的媒体做出反应。特别是在这一时期，作为一种更为先进的技术手段，无线电广播的诞生，使信息的传递具有了前所未有的保真性和及时性。广播发出的声音像是从天而降，尤其让人觉得具有强大的力量。

但是，随着人们对传播现象的深入研究，传播学者们又逐渐认识到，那些能够印证魔弹理论的若干事例大多是在特定的社会历史条件下产生的，而其强大的传播效果也只能是在一定范围内和针对着一定的具体对象而出现的。魔弹理论的观点显然过分夸大了大众传播的力量和影响，尤其是忽视了影响传播效果的各种客观的和必要的社会因素，并否认了受众对大众传媒能动的选择和使用能力。于是，人们又开始研究和寻找有关新闻传播效果的新的理论和观点。

2. 传播的有限效果论

20 世纪 40 年代，一些研究者开始提出传播的“有限效果论”或“适度效果论”。根据这一理论，在很多情况下，大众传媒不能直接改变个人的观点、态度或行为，所以它不应该对犯罪或其他不良的社会现象直接负责。在很多情况下，大众传播只能通过中介因素的联系对受众起到一定的作用，而这些作用只是微乎其微的，甚至是极其有限的。美国学者的一项调查证明了这一理论观点，该学者针对 20 世纪 40 年代美国总统选举的调查显示，大众传媒对选民态度的影响相当微弱。人际接触和面对面的劝说则具有更大的影响。在此基础上，他们又进一步提出了“两级传播理论”（后发展为“*n* 级传播理论”），该理论认为媒体所传播的信息往往要首先被某些被称为“意见领袖”的人物所接受，进而再经由他们的传播影响与其相联系的人。此外，心理学家 Hovland 对美国军队中新入伍的士兵进行了大众媒体训练和宣传的实验，发现宣传的影响主要局限于信息的接收，对改变态度的影响很小。20 世纪 60 年代，美国的一些社会心理学家进一步提出了“顽固的传播对象”的观点，认为在传播过程中，受众并不是完全被动的、消极的接收者，而是主动、积极的参与者。面对宣传“炸弹”的射击，他们不会像魔弹理论认为的那样倒下。他们不仅可以击退或抵抗“炸弹”，而且经常以不同的、相反的方式解读宣传，并且将收到的“子弹”用于自己的目的。

与此同时，许多研究者从不同的角度研究了沟通的作用。他们中的一些人提出了“使用与满足理论”，认为受众使用新闻媒体是为了满足自己的需要。没有受众积极地利用媒体、利用信息，就没有传播效果。

3. 新的强效力论

20 世纪七八十年代，一些西方传播学者在对有限效果理论进行批判和反思的基础上，提出了新的理论模型或假设，其研究重点大多集中在大众传播上，他们从全局性、长期性、宏观性的社会效应出发，并与现实社会信息紧密结合，不同程度地强调媒体影响力。他们认为，只要遵循大众传播的某些原则和特点，大众传播仍然可以发挥强大的作用。持这一观点的最具代表性的学者是德国的伊丽莎白・诺埃尔・纽曼。在她的著作《重归大众传播的强力观》中，她指出，大众媒体一般对公众舆论有很强的影响。她提出了大众传播的三个特征，即累积性、普遍性和和谐性。这三种特征的结合可以对公众舆论产生强大的影响。累积性是指由于重复信息的不断传递而产生的大众传播的累积效应。普遍性是指大众传播面向大众，必然具有广泛的影响。特别是，她强调了和谐性，认为和谐是一个特定的文本或事件所创造的统一的印象，这经常被不同的报纸、广播和电视台所宣传。这种和谐的效果足以克服听众的选择性注意，因为人们无法选择其他任何信息。

伊丽莎白・诺埃尔・纽曼还提出了“沉默螺旋”（spiral of silence）模型，该模型基于这样一个观点，即大多数人都在寻求避免孤立，而这种孤立是由他们持有某些态度和信息导致的。因此，人们观察周围的舆论环境，了解哪些观点占主导地位或得到支持，哪些观点不占主导地位或正在失去支持。如果他们发现自己属于持后一种观点的人，他们往往不愿表达自己的观点，因为害怕被孤立。然后，观点的表达和“沉默”的扩散形成了一个螺旋形的社会传播过程。一方的“沉默”导致另一方意见的支持者增加，使得“主导”意见更加强大，进而迫使更多的持不同意见的人“沉默”。这就形成了“一方变得更响亮，而另一方变得更沉默”的螺旋。任何“主流意见”形成的背后都有这样一种机制。这使得占主导地位的或日益流行的观点获得支持。越来越多的人看到了这种趋势，并相应地改变了他们的观点，而一方说话而另一方沉默的趋势创造了一个螺旋，在这个螺旋中，一种观点被确立为主导观点。

20 世纪 80 年代初，哥伦比亚大学的戴维森教授提出了“第三方效果假说”。该假说预测人们倾向于高估大众传媒对他人认知和行为的影响。具体来说，被引导说服的受众认为说服（无论是否是有意说服）对他人的影响大于对自己的影响。此外，无论信息的直接受众是谁，他们对媒体影响他人的预期都会导致他们采取一定的行动。1983 年，戴维森发表了《传播中的第三人效果》（*The Third-person Effect of Communication*）一文，其中包括两个基本假设：①感知假设，人们认为媒体内容对他人的影响大于对自己的影响；②行为假设，作为第三方认知的结果，人们可能会采取一些相应的行动来防止他人受媒体内容影响的行为影响到自己的权利和福利，人们可能支持对媒体内容进行一些限制，以防止其对他人产生有害影响。“第三方效果假说”引入了对他人的认知，其与对公众舆论环境的认知有一定的关系。

戴维森花了很长时间思考“第三方效果”的概念。几年后，在一项关于媒体角色的研究中，戴维森询问记者，他们认为报纸社论如何影响读者的思维。记者们通常会这样回答：“社论不会对你我这样的人产生太大影响，但一般读者通常会受到更大影响。”由于找不到支持这一结论的证据，戴维森没有进一步探究。但这个问题一直萦绕在他的脑海里：为什么许多记者觉得，社论对别人的态度的影响比对他们自己的影响更大。选举前两天，他的邮箱里出现了支持另一位候选人的小册子。宣传册制作精美，戴维森认为它肯定会帮助这位候选人得到很多选票，所以他必须做点什么。然而，对选举结果的分析表明，这两种材料都没有对选民产生多大影响。戴维森开始思考，为什么他会认为另一位候选人的宣传册是有效的？

思考的结果是他提出了“第三者效果假说”。至于“第三者”的命名，则从两个不同的角度来看：从那些试图评价传播效果的人看来，影响最大的不是“你”和“我”，而是“他们”——第三者；从宣传者或其他劝导者的角度来看，“第三者”是指那些关心直接接收信息的受众的人。

（二）我国学者关于传播效果的理论研究

我国对新闻传播效果的研究起步较晚。然而，我国理论界对新闻传播效果的研究在借鉴西方新闻传播效果研究的基础上，较为全面、系统，在一些方面和问题上取得了较为深入的成果。

江苏省社会科学院社会学研究所“新闻传播效果研究”课题组对传播效果进行了全方位、多层次的理论研究。

程世寿、胡继明:《新闻社会学概论》，1997年1月新华出版社出版。该书对“新闻传播效应”的研究主要是提出了“相对效应理论”的观点。他们认为，新闻传播的效果是相对的、分层的、发展性的。有时，新闻传播的效果似乎很有限，有时又似乎很强大。同样的新闻传播在这个地区和这部分观众中的影响力非常有限，而在那个地区和那部分观众中，它的影响力又非常大。新闻传播的效果受到各种社会因素的影响和制约，如政治因素、经济因素、社会环境因素和受众自身因素。它实际上是社会舆论综合效应的反映。新闻传播的效果在与许多社会因素兼容时非常强，在与许多社会因素不兼容时非常弱。该书还研究了新闻传播效应的形成机制，以及影响新闻传播效应的主要因素、客体因素和社会环境因素。

王政挺的《传播、文化与理解》，1998年6月由人民出版社出版。该著对于新闻传播效果的研究更注重了“综合的影响”的研究，尤其注重了现代媒体条件下的综合影响的研究。其中谈道:“这样，我们就进入了由媒介所构成的世界，我们诸多的行为都可以认为是媒介作用于我们的结果。事实上，在发达国家，人们便是除工作以外的余暇时间，也有一半花在了电视报纸和广播上。我们的行为综合地受到大众传播媒介的影响。大众传媒发出的信息现实地形成一种道德的文化规范力量，并使得人们自然而然地依据媒介逐步提供‘参考架构’来解释社会现象和事实，表明自己的观点和主张。在这种潜移默化的、日积月累的渗透中，受众的思想与行为必然发生相应的变化。”这样的研究视野和角度显然是上升到了一种更高的层次上。该著对“电视人”概念的提出，向人们发出了人会被现代传媒所异化的警告。该著在理论的思辨性上更深入和强烈一些。

童兵教授的《理论新闻传播学导论》(中国人民大学出版社，2000)在新闻传播效果的研究上更加条理化。他的关于新闻传播效果的构成的研究，有筚路蓝缕之功。他特别在传播者与新闻传播效果、信息及信息传递与新闻传播效果和传播环境及受众与新闻传播效果等方面提出了许多开创性的观点。如关于“传播致效对信息传递的要求”，他特别强调了“传播者所发出的信息的质量，传播通道的容量与质量，传递方法的选定，是十分重要的”。其中，他所提到的“传播者传递的信息，必须具有备用性”的问题，受众对于信息的接受量的问题，对于新闻传播效果的研究来说都是不可忽略的。他提出的六项“传播致效原则”，尤其具有很强的实践意义：①信息必须利于受众集中注意；②目标必须利于受众行动；③来源必须利于受众改变态度；④方式必须利于受众理解劝服；⑤环境必须利于受众接受劝服；⑥针对个性必须利于受众听从劝服。

黄星民教授提出的“风草论”，是更有意思的一种概念和表达。“风草”一说出自《论语》中的“君子之德风，小人之德草。草上之风，必偃”。“风行草偃”讲的是德教化民的道理，是说君子的德教传播如风掠过，老百姓接受，会产生像草应风匍匐一样的效果。那么，在现今的时代，要想让广大新闻传播受众能顺应媒体的意向，信息就得源源不断送过来，才能使他们一直处于接受的状态。

二、新闻传播效果的表现与社会化构成

新闻传播效果构成的观点最早应该说是童兵教授的研究所得。他主要从新闻传播对个体的影响方面进行了类别上的划分，也就是把新闻传播效果的大概念分解成了一些小的指标。

（一）新闻传播效果表现在影响个人方面的要素

新闻信息的信宿，归根结底在于一个个具体的受众，所以，每一条新闻通过一定的媒介传播出去之后的无限扩散性的落点，也就是一个个具体的接受者。那么，新闻传播效果的发生，当然也就首先是在这些收受者们的身上显现。总体来看，新闻传播效果在个人影响方面的构成大致可以分为以下几个方面。

1. 信息知悉

首先，在新闻传播的社会信息中，大部分是一般分享性的，非功利性的，也有一小部分是有说服力的，即宣传信息。信息分享帮助受众了解他们所生活的世界，并利用这些信息去熟悉和适应这个世界，利用他人的经验去更好地创造一个新的生活环境。如果新闻传播使广大受众得到这种信息共享，也就达到了传播效果的一个方面。其次，新闻传播的部分信息内容中还包含了物质生产以外的生活信息，如文学艺术、体育运动、服装、食品等，可以促进受众生活兴趣的形成。一旦受众接受了这样的新闻传播，他们的生活兴趣就提高了，生活质量也得以提高，这自然是新闻传播的一种效果。在一大批新闻信息中，有相当一部分与广大人民群众的实际利益密切相关。通过这些新闻信息，受众可以维护和保障自己的经济利益和社会权益，这是新闻传播效果的重要组成部分。

2. 情感上的满足

新闻传播中有部分信息能够对受众产生巨大的影响，使其产生厌恶、喜爱、愤怒、兴奋、同情等强烈的情感反应。人都有七情六欲，在现实生活中，人由于各种因素的影响，会宣泄或抑制自身的情绪和感情。当受众接收到某些新闻信息时，自身的情绪感情会被调动起来，并在一定程度上释放出来，进而强化新闻信息的传播效果。另外，新闻媒体往往会对所要传播的信息进行加工，会加入一些特定内容和一定的艺术审美成分，使新闻内容

既有信息价值，又有审美价值，当这些新闻呈现在受众眼前时，会使受众获得信息资讯的同时，在精神上感到陶醉、获得满足。通过长期阅读，其审美能力和整体文化素养也能不断得到提高。

3. 态度的影响

新闻是人类文化发展过程中产生的重要文化结晶，代表着人类精神的灵魂，是一种特殊的人类思想形态。新闻可以通过影响公众的思想观念、生活理想对其价值观念进行引导，通过传播积极内容和正确的价值标准使其产生价值认同，如促使受众形成崇高的追求与良好的精神，这一点不仅是新闻传播的重要职责，还是新闻传播效果能够对人产生的最高境界的影响。新闻传播能够对受众的态度产生影响。以传播学原理为依据，新闻传播可以向受众灌输一些具有说服性的信息，使其更加坚定其原本的观点与立场，原本的态度因此增强。新闻传播也可以改变受众的态度，通过向受众不断输送与其观点完全相反的一系列信息，受众的观点与态度将会受到严重的冲击，对自身的观点产生怀疑导致最终放弃，或者受到从众心理的影响，自身的观点与立场发生改变。以上都是新闻传播具有的特殊效果。

4. 行为导引

在一定的传播环境和其他一些因素的综合作用下，受众在一系列说服性信息的影响下，最终会改变原有的一些行为或行为设定，并根据传播者引导的方向，采用新的行为模式或产生新的行为集。这种传播效应是一种更为显著和突出的传播效应。我们的新闻传播，在很多情况下追求的便是这样的高水平的传播效应，但正如上面提到的，大众传播直接改变个人的意见、态度或行为的程度较小，但是只要遵循一些原则和大众传播定律，大众传播仍然可以发挥强大的作用。特别是，大众传播遵循伊丽莎白·诺埃尔·纽曼提出的“沉默螺旋”模式，并具备三个特征，即累积性、普遍性和和谐性。新闻传播具有引导人类行为的巨大可能性和空间。

（二）新闻传播效果的宏观社会化构成

新闻传播从某种意义上讲是社会发展过程中的一项伟大、漫长的事业，其不仅可以在单个个体的变化及其受到的影响上看出传播效果，还应站在更加长远、宏观的角度上，了解其对社会历史发展历程及整个人类社会的重大影响。因此，我们应在更大的社会范围及领域内对新闻传播的作用效果进行细分。

1. 政治变革效果

政治宣传一直是新闻传播的重要功能，也是现代新闻传播最基本、最重要的社会责任。许多现代新闻机构是由政党或政府机构直接建立、经营和控制的。因此，新闻传播的政治宣传功能是显而易见的。因此，新闻传播对整个社会的巨大影响和重要作用，往往首先或突出地表现在政治活动或政治改革运动领域。在新闻业的历史上，这样的例子比比皆是。从19世纪末到20世纪初，梁启超被称为“报界之巨子”和“舆论之骄子”。他新颖的理论、扣人心弦的话语和充满感情的写作征服了一大批知识分子。所谓百通都大邑，下至僻壤穷陬，无不知有新会梁氏者。”梁启超的变法思想通过报刊这一当时最现代、最先进的文化传播手段产生了重要影响。

2. 经济促动效果

传播学大师施拉姆认为大众传播主要有三个方面的功能，它们分别是政治、经济以及一般社会功能。大众传播的经济功能主要包括解读一些资源信息和有关买卖机会的信息，有效对经济市场进行规范，为市场注入新的活力，引导经济行为，使经济政策得到更好的发展。新闻传播在当代社会显现出越来越突出的经济功能优势，而现代社会经济的发展受新闻传播的影响日趋明显。从某种意义上来说，如果新闻传播并没有影响经济的发展，就没有什么依据能够证明其造成了社会化传播效果。但实际上，新闻传播往往极大地推动了经济的发展。同时，新闻传播在经济方面产生的传播效果是可以做出测量和评价的。随着全球经济一体化进程的加快，我国经济社会日新月异，这离不开新闻媒体强大的经济功能。新闻传播影响着我国经济社会的舆论环境，并促使其向良好的方向发展，还带来了庞大的经济信息资源，全面指导和促进了我国经济的发展。

3. 社群整合效果

根据传播学理论，新闻传播对社会具有重要的整合功能。所谓新闻传播的社会整合功能，一般是指新闻传播在社会生活中的组织、协调、传播和监督功能。因此，这一功能的实现必然会对整个社会和一定范围的社区产生相应的整合效应。新闻传播对社会和整体的整合效应是新闻传播效应中更为重要的一部分。从更深层次来看，新闻传播最终是要实现最大范围和最良性运行的社会整合。新闻传播社会整合效应的实现，主要是通过统一人们的思想，协调人们的行动步伐，使其为共同的事业或任务而共同努力来完成的。和谐社会是一个文明、法治、稳定、理解、包容的社会，是一个人人各尽其职、和谐相处的社会。在多种所有制和分配形式的基础上，各社会阶层和利益集团长期共存，是由我国社会主义初级阶段的国情决定的。因此，正确考虑和处理好他们之间的利益关系，促进社会全面、协调、可持续发展，是构建社会主义和谐社会的关键。因此，我们经常用大量贴近群众实践与生活的新闻，向公众提供信息，触发真情实感，传播科学，鼓舞士气，为构建和谐社会创造良好的舆论环境，这使得我们的社会整合在更宏观的意义上发挥了更好的新闻传播效果。新闻传播的社会整合效应的最终目标是使整个社会和谐发展和良好运行。

4. 文化推进效果

从广义含义上看，文化指在历史发展历程中人类创造的精神和物质财富的总和。新闻传播事业与活动主要从两个方面促进了社会文化的发展：一方面，对于人类社会而言，新闻传播作为一项文化事业，有着重要的价值，新闻传播参与了社会文化有机体的建设并促进了其发展。人类社会文化的发展与新闻事业的变革和进步相辅相成，尤其是现代新闻业在科学技术的发展与进步中不断变革，所涉及的社会文化信息更加丰富全面。随着新闻业的快速发展，从业机构与人员日益壮大，新闻传播媒体快速建设，人类社会文化事业也在不断进步。另一方面，广义层面上的精神文化产品是当今社会主要的新闻传播内容，其传播内容包括在思想、经济、政治方面的舆论宣传与现实报道，还包括在娱乐休闲、文字艺术以及哲学、社会科学等方面的讨论与宣传，这些内容更加明显和直接地推广了社会文化。

三、新闻传播效果的类型

新闻传播效果可以主要从社会与新闻传播的外部关系方面进行分类。站在不同的角度分析新闻传播效果，可以得出其有着不同的性质。小到对每个社会成员、大到对整个社会，新闻传播都会造成不同层次的影响。理论界的一些专家就新闻传播效果的分类进行了很多有益的尝试，他们使用了不同的划分标准和方法对其做出了分类。如果以效果的状态为依据，其可分为隐性和显性效果；以效果的时间长短为依据，其可分为持久效果和暂时效果；以信息的指向和内容为依据，其可分为确认效果、理解效果、规范效果、享受效果及共鸣效果；以效果的速度为依据，其可分为延迟效果与即时效果；以效果的社会影响为依据，其可分为消极效果与积极效果；以信息对个人精神与社会场域的影响，可将其分为宣传效果、艺术效果、传播效果和教育效果等。

有人认为，新闻传播的隐性效果主要表现在以下方面。

（一）文化知识的积累

新闻传播无论采用何种形式，其实质上都属于文化传播。新闻受众获取新闻信息的同时也接收了文化信息。新闻信息中通常蕴含着庞大的知识资源，受众往往在阅读新闻信息时也积累了一定的知识。现阶段，人类发展已经步入知识爆炸、信息膨胀的知识经济时代，新闻成了新知识、新信息的重要载体和主要传播途径之一。人类在知识经济时代，主要依靠新闻传播获取知识，得到终身教育。例如，人们通过新闻媒体获取基因知识和了解纳米技术。受众在接受新闻媒体传播的信息的同时不断获取文化知识，自身文化素质得以提高，这是一个渐进的过程，也是新闻传播的根本目的之一。

（二）对人的思想行为的潜移默化的影响

新闻传播的主要任务是让人们了解事实。然而，新闻传播在明确告知新闻受众新闻事实的同时，往往包含着某种“暗示”，即在告知事实的同时，还引导人们思考和行动的方式，特别是宏观意义上的社会化思维和行为方式。不过，这种暗示往往更隐蔽。一个人思想的改变不是一朝一夕的事，它需要从量变到质变的过程。对于新闻传播来说，塑造人们的思维方式和行为方式始终是最困难的过程。正是在这个意义上，人们称新闻传播者为“人类灵魂的工程师”。

四、提高新闻传播效果的途径

传播效果的概念有很多种。国内外研究者和学者从很多方面对此做出了解析和界定。但他们共同认定，所有的新闻传播活动都以提高传播效果为根本归宿和最终目标。

（一）影响新闻传播效果的主要因素

信息通过新闻传播完成传递和接收的过程。信息、受者、媒介以及传者是新闻传播过程中的四个要素，可以从新闻传播结构和过程中分析对新闻传播效果造成影响的各种因素。德国学者马莱茨克构建了人们认为最翔实和详细的模型，这个模型可以明确展示出各方面因素在新闻传播过程中发挥的作用以及这些因素之间的相互作用和影响。分析该模型可知，新闻传播本身是系统化的和动态化的，其中的各种影响因素会受到来自社会、自身及其他因素的制约和影响，最终对新闻传播的效果造成影响。

1. 传者因素

从大众新闻传播层面上看，电视、报刊、互联网以及各个新闻机构是新闻信息的主要传者和重要看门人。传者对新闻的控制以及传播的效果都会受到其工作环境、个性特征、社会环境、自我形象和媒体内容的压力的影响。而受者心中对传者的印象就是后者的自我形象，也叫作传者的美誉度和知名度。因此，传者的声誉对新闻传播效果有很大的影响。传者的结构和个性特征是能够对传者形象造成影响的主要因素，其包括编辑与记者的修养、喜好、个性、逻辑思维、知识素养等多个方面。新闻传播是社会的一个子系统，包括经济、文化、政治、法律、国际等环境在内的社会环境都与新闻传播效果有紧密的联系。

2. 信息因素

信息因素当然是传播内容因素。信息是发送方和接收方沟通和互动的基础。新闻传播的效果最终取决于新闻信息本身的内容质量。新闻传播的效果取决于其内容是否具有重大的新闻价值，是否具有时效性、适宜性、真实性、重要性、密切性和趣味性，以及其形式是否为受众所欢迎。高层人事变动、重大突发事件、自然灾害等新闻事件总是能得到更多的关注。一些形式新颖的节目往往在短时间内就能流行起来，如曾经的《焦点访谈》和《实话实说》。由于当时的节目都是全新的，所以从第一期开始就得到了良好的社会反响，并持续了多年。

3. 媒介因素

媒介是新闻信息的载体，也是新闻的传播渠道，还是能对新闻传播效果造成影响的一项重要因素。不同的媒介，特点不同，有不同的优、劣势。使用不同的媒介传播同样的新闻所产生的效果也是不同的。例如，通过互联网和电视传播同样的新闻，所产生的效果不同。在我们所处的互联网时代，网络往往能够使新闻的传播更广、更快。

4. 受者因素

新闻传播的受者就是信息的接收者，他们会对新闻传播效果做出判断。人具有复杂的思想和独立思考的能力，因此，其对新闻传播效果的影响是难以把握的。接收者对信息的偏好、个人特性等都会对其选择、接受新闻内容造成影响。受者在选择接受新闻信息时，会做出选择性理解、选择性注意以及选择性记忆。受者在接受信息时更倾向于接受自身预设立场的信息。因此，只有与受者的预设立场非常接近的信息才更有可能被受众接受，从而产生相应的社会效果。

值得注意的是，受者和传者所处的社会环境并不总是相同的，往往由于地域甚至地点的不同，他们对新闻和信息的理解也不尽相同。因此，不难理解为什么同一条信息在不同地区、不同社会阶段的传播效果会有很大的不同。

（二）多层面提高新闻传播效果

所有的新闻传播都是传者、信息、媒介和受者之间相互作用的过程，因此要从这四个方面来努力提高新闻传播的整体效果。具体包括：靠近受者关注点；提高传者声誉；改进说服办法；改进新闻内容和传播形式等。但在实际传播过程中，从社会和媒体的角度出发，能使新闻传播效果得到提高的主要办法有：①促使新闻媒体对社会产生更大的引导效果；②促使单个新闻产生更强的社会效果。虽然这两种办法有很大的关联，但二者明显不同。前者属于宏观层面，关注的是整体的新闻事业或其他事业对整个社会产生的影响。后者是从微观层面提出的改善社会效果的办法，将新闻看作个体单位，以新闻传播的目标受众和机构作为传播主体。新闻传播在日常中起到的效果就属于微观层面。

1. 加强策划和预测

策划通常指以新闻传播规律为依据，从选题、报道、节目播出各阶段的应对方案、可能出现的问题与解决办法等方面，对新闻报道和播出做出的具有创造性特点的规划设计。预测主要指粗略估计节目或新闻报道产生的社会效果，预测的结果为策划提供了正确导向。将预测和策划有机结合，能够有效控制节目与新闻的效果，促使社会效果按照预期轨迹发展。合理的策划和科学的预测对报道重大新闻事件非常重要。策划和预测不应仅限于新闻传播的早期阶段，而应贯穿新闻传播的整个过程，也就是说，根据新闻报道和节目播出的实际情况随时进行下一步的策划和预测，确保整个传播过程在控制范围内。

2. 提高有效信息量，注重信息的梯度开发和组合开发

提高有效信息量不仅是受众的客观需要，也是媒体组织提高竞争力的重要手段。信息量的大小和信息的质量直接关系到新闻传播的效果。而且这里要提高的是有效信息量。一个充满无用信息的新闻只会使观众反感。因此，在报道新闻时，首先，要坚决摒弃没有内容的所谓的“信息”，摒弃为了填满版面而忽视质量的做法；其次，新闻要扣实际，能短就短，做到精而简；最后，要充分调动各种传播手段，充分发挥多符号传播的优势。

信息梯度开发和信息组合开发是提高信息质量的有效途径。在提高有效信息量的同时还要注重时效性。要加强信息梯度开发，将一次性的终端报道转变为阶段性的连续报道，如事前预测报道、事中动态报道、事后跟踪报道、事后反馈总结报道。

3. 着力塑造品牌形象

现代营销学中的品牌可以帮助消费者区别出企业与其竞争对手的服务或产品，其具体体现为符号、名称、图案、术语或综合表现。塑造良好的品牌形象有助于吸引更多的消费者，提高服务或产品的竞争能力，提高消费者对服务或产品的忠诚度，从而使品牌保持住一定的市场份额。优秀的品牌形象能使媒体拥有稳定的关注度，使受众不断增加，从而获得良好的经济效益和社会效益。借助媒体品牌力的有力支持，节目或新闻报道更容易获得受众的关注和好感。在当今时代，新闻节目只有保证质量，才能在媒体竞争中获得成功。记者们普遍推崇优质内容，广大群众往往更喜爱和欢迎有创新形式和独特设置的节目与周到及时的信息服务。从市场营销层面上看，企业在塑造品牌时，应将实施企业形象识别系统（CIS）作为重要任务。CIS包括行为识别系统、思想识别系统以及视觉识别系统这三个子系统。媒体与外部公益活动和宣传活动之间依靠行为识别系统相互衔接，如东方卫视组织开展了以“蓝天下的至爱”为专题的公益慈善活动。视觉行为系统涉及的内容包括背景设计、字幕设计、频道标志、刊头、主持人风格等。新闻媒体在发展自身品牌时，应将以上三个方面作为切入点，制作新颖优美的形象广告和鲜明大方的形象宣传语言，力求通过节目和新闻报道向受众展示自身的价值观和独特理念。

4. 建立透明公开的信息传播机制，减少社会动荡

新闻经常被称为“社会的守望者”，监视着社会的苦难、灾难和不公。但是，这种“守望”的实现必须以一个相对透明的沟通环境为前提。政府信息公开对于保障人民的知情权和媒体的采访权，提高媒体的社会引导质量具有重要意义。

我国的信息公开指的首先是政府行政行为公开、政务公开、批评政府及官员的错误和缺点、支持媒体向政府问责。其次，我国新闻发言人制度应尽快完善。作为非常便捷直接的沟通渠道，政府新闻发布会可以对公众态度造成直接的影响。政府新闻发布会使用了两级新闻信息传播模式，由此，建设出一个综合的传播网络，覆盖所有受众。通过政府新闻发布会，政府与公众和媒体可以进行良性的互动，最大程度上发挥出媒体的社会功能。在当今社会，各地突发事件频频发生，政府应加快公共危机管理机制的完善进程和速度。在发生重大事故时，各个政府机构应迅速建立临时应急小组，快速解除社会与人民的恐慌，解决事故危机，维护政府形象，使媒体保持正常的新闻报道。总之，及时向社会公众披露信息有助于维护社会和谐稳定，也是新闻传播的一项重要目的。

5. 提供真实、公正、充分的信息，平衡各群体利益

信息的传播为意见的构建提供了养分，只有信息公正、真实且完整，才能够形成良好的舆论。这里说的信息的真实指的是整体信息和单个事件都满足一定的真实性要求。就部分新闻报道来说，虽然从单个事件角度来看，具有绝对的真实性，但将其上升到社会层面上时，其已经与社会真实发生了偏离。

6. 增强宣传的艺术性，淡化宣传色彩

新闻媒体在国内外都具有传播和宣传的双重作用。在中国，由于政治体制和新闻体制的原因，新闻媒体的宣传作用更大，新闻对社会的引导往往是通过宣传来实现的。因此，提高宣传的艺术性，使其能够为受众所理解和认可，也是提高新闻引导效果的有效途径。此外，在宣传中加强人情味和亲切感也是重要的技巧。如果新闻传播者能够通过各种方式与受众建立起独特的、活跃的对话，并对信息进行恰当的分析，就能取得积极的效果。

新闻传播的效果并不都是积极的。为了获得新闻传播的最佳社会效果，我们应该尽量降低新闻的负面效应。对于新闻媒体来说，首先要树立全面、正确的社会效益观。在我国媒体市场化进程加快的同时，社会效益仍然是第一位的，媒体要坚决摒弃追求经济效益、忽视社会效益的行为。新闻传播者以其独特的敏感性揭露事物的矛盾，不仅有助于受众理解事物的本质，也在一定程度上提高了受众理解事物本质的能力，增加了受众的智慧。这当然是最好的沟通效果。新闻传播者在传播新闻事实的同时，也要尽量用适合新时代特点的思维方式观察事物、反映现实，要敢于打破人们的习惯性思维和心理惯性，以更及时、更先进的方式了解和表达社会生活的新面貌。

第三节 新闻传播的模式与过程

一、新闻传播的几种常见模式

（一）德弗勒模式

德弗勒模式是美国传播学家梅尔文·德弗勒在发展申农 - 韦弗模式的基础上提出的，他在《大众传播理论》一书中提出了新闻传播的互动过程模式（图 2-1），这个模式克服了前者单向直线的缺点，增加了反馈的要素，更符合人类新闻传播互动的特点。

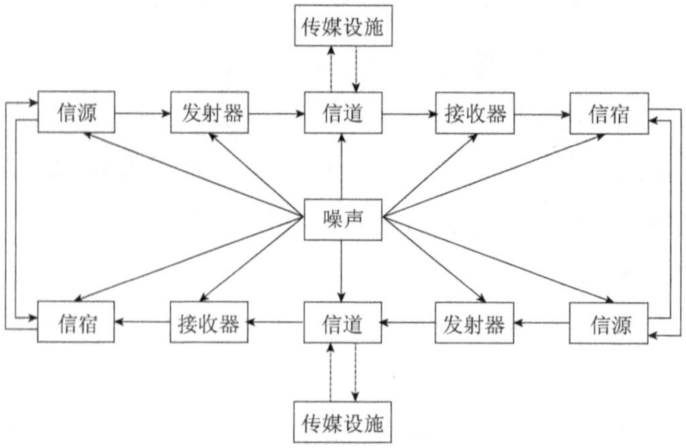

图 2-1 德弗勒模式

通过分析该模式可以看出，德弗勒认为在传播新闻信息的这一过程中，噪声会影响讯息传达与反馈过程中的各个要素和环节。如果在此过程中，信号发出者发出的信息与接收者获取的信息有相同的含义，就是传播。他的认知超越了传播过程的线性模式，是对新闻传播的进一步了解，他向新闻传播过程中引入了反馈的环节和因素，使人们对新闻传播有了更全面的认识。但他对新闻传播的认知仍处于简单化、理想化的层面。德弗勒模式没有充分反映出构成人类社会新闻信息传播的要素的复杂性。

（二）奥斯古德—施拉姆模式

奥斯古德—施拉姆模式由 C. E. 奥斯古德首创，1954 年，施拉姆在《传播是怎样运行的》一文中，在 C. E. 奥斯古德的观点的启发下，提出了一个高度循环的过程模式，即

“循环模式”（图 2-2）。

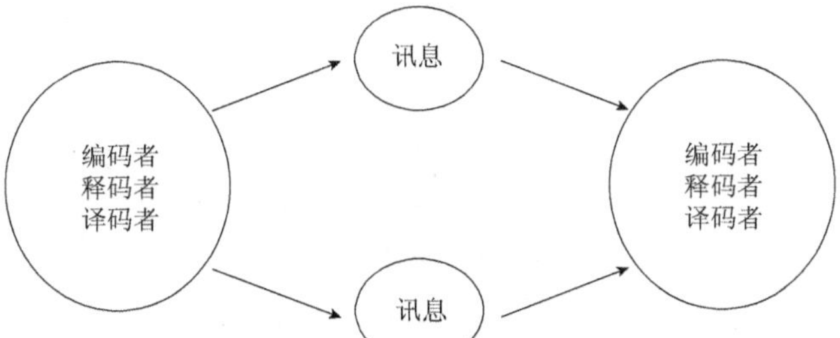

图 2-2　奥斯古德—施拉姆模式

奥斯古德—施拉姆模式的出现打破了传统的直线单向模式一统天下的局面，强调了新闻传播的互动性，并把新闻传播双方都看作传播行为的主体，这无疑是正确的，这也显示了这个模式的先进性，具体来说，其先进性主要表现在以下两方面。

第一，这个模式中讯息的传播、分享和反映的过程是往复循环、持续不断的。

第二，这个模式强调传受双方的相互转化。这里没有严格的传者和受者的概念，传者既制成和解释符号，也还原符号；受者也是如此。受传双方在互相交替扮演译码者、释码者和编码者的角色，行使相同的功能。

从这两方面可以看出，奥斯古德—施拉姆模式相比以往的线性模式是有所发展和进步的。但这个模式也有其本身的缺陷，主要表现在以下三个方面。

第一，这个模式容易引起误解，让人误以为新闻传播经过循环又回到原点。

第二，这个模式虽然能够较好地体现传播尤其是面对面传播的特点，但对大众传播过程却不适用。

第三，这个模式未能区分传受双方的地位差别，把新闻传播双方放在完全对等或平等的关系中，这则与社会传播的现实情况不符。

（三）申农—韦弗模式

申农—韦弗模式[①]（图 2-3）由信息论创始人、数学家申农与韦弗提出。他们在《传播的数学理论》一文中提出了新闻传播的这个模式，为后来的许多新闻传播过程模式打下了基础，并且引起人们对从技术角度进行传播研究的重视。

申农—韦弗模式的提出为新闻传播过程的研究提供了新的启发，它将实际的传播过程中传者和受众之间的传授信息的偏差性更加形象地表现了出来，虽然他们仅将造成这种偏差性的原因归结于噪声，但却表明了传播不是在封闭的真空中进行的，传播过程内外的各种障碍因素会形成对讯息的干扰。

① 王淑娟. 传播学理论与实践 [M]. 北京：中国广播电视出版社，2005：96.

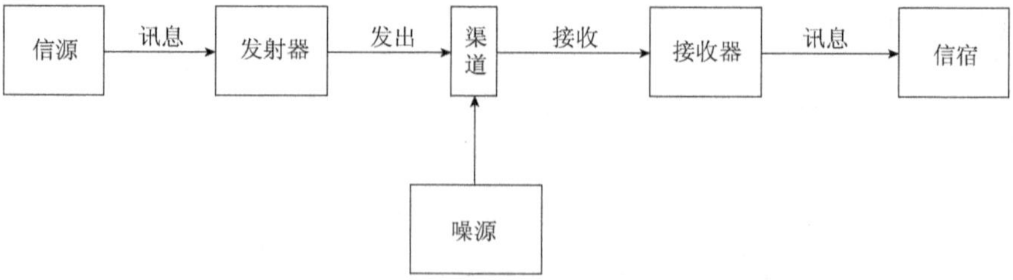

图 2-3 申农—韦弗模式

（四）拉斯韦尔模式

拉斯韦尔模式是由美国学者 H. 拉斯韦尔提出的，他在《传播在社会中的结构与功能》一文中，提出了构成新闻传播过程的五种基本要素 who（谁）、says what（说什么）、in which channel（通过什么渠道）、to whom（对谁说）、with what effect（有什么效果），由于这五个问题的疑问代词的第一个字母是 W，故人们称之为“五 W 模式”或“拉斯韦尔模式”。后来，英国传播学家 D. 麦奎尔等将这个模式做成图示（图 2-4）。

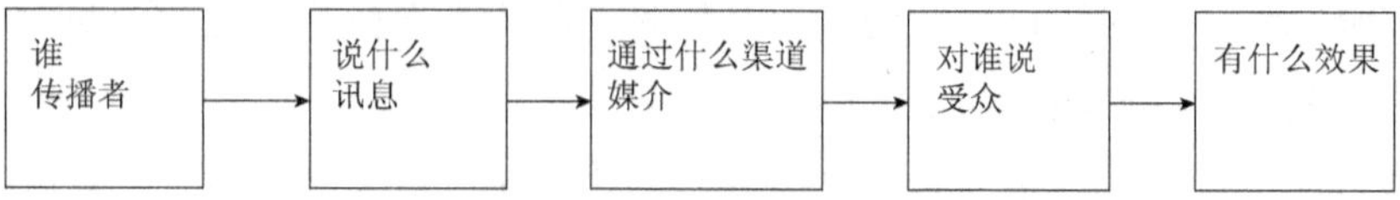

图 2-4 拉斯韦尔模式

拉斯韦尔模式首次较为详尽地分解了新闻传播的过程，将新闻传播的过程分解为五个环节，而这五个环节的提出也为日后新闻传播的五大领域，即“控制研究”“内容分析”“媒介分析”“受众分析”和“效果分析”的形成奠定了基础。

总的来看，新闻传播学的研究在很大程度上受到了包括申农 - 韦弗模式、拉斯韦尔模式在内的线性传播过程模式的启发，这是新闻传播学史上，对新闻传播的整体过程做出的第一次科学详细的分析和了解，也是为传播学搭建的第一个比较全面完整的理论框架，从而实现了传播学的确立。但是，它们构建的这种线性的传播过程模式是一种从一个起点到一个终点的单向型、直线型过程，该模型中并没有融入受者对信息的反馈部分，也无法观察和了解各个要素的相互影响和作用。

二、新闻传播的过程

新闻传播需要一个有序的运动过程。在传播某条新闻信息时，传播者应以客观存在的事实作为起点，按先后顺序传播信息并接收受众反馈。简单来看，新闻传播的整体过程可以划分为选择事实、转换事实、接收信息及反馈信息这四个阶段。

（一）选择事实阶段

新闻传播以事实为起点，以社会生活实际中各种各样的变动为事实原型。事实的素材种类非常全面丰富，但真正能够通过传播的新闻事实，只有其中的一部分。因此，在开始进行新闻传播之前，传播者应先过滤传播的新闻事实，做出适当的取舍，这就是新闻传播的第一个阶段。新闻传播者应在这个阶段中全面深入地对社会生活进行采访调查，反复对比、仔细分析，以新闻法规和新闻价值原理为依据，多次筛选客观事实，步步递进，最后明确可以进行传播的新闻事实。对新闻事实的筛选应遵守重要性、典型性、新鲜性原则，新闻信息应披露生动详细的事实、具有鲜明的个性特点，还应是受众感兴趣的方面。

（二）转换事实阶段

明确想要传播的事实后，就可以进行第二个阶段的新闻传播活动，这一阶段主要为转换事实，即对新闻事实进行加工，将其转化成新闻成品。新闻成品指呈现在媒介上的图像、文字或声音形式的新闻信息。在这一阶段，新闻传播者将确定的新闻事实重新编辑、设计，制成新闻稿或者影音作品，再通过某种媒介工具将声音、符号、图像格式的新闻作品分享出去。对当代社会的现代新闻传播来说，参与新闻信息传播过程的所有传播者利用各种物质手段共同将新闻事实加工制成新闻成品并将其发布传播出去。

（三）信息接收阶段

在新闻事实被制作成新闻成品后，就可以进入新闻传播活动的第三个阶段了，这一阶段主要为信息接收。该阶段包含传递信息和受众接受信息两个阶段。传递即将新闻成品分享传递给广大受众群体，使受众感知获取新闻信息。受众接受信息则指受众通过耳、目等感知器官感受新闻成品，了解其中的信息内容，接受需要的部分。

（四）信息反馈阶段

简单来说，传播学中的反馈指的是受众向传播者反馈其视听反应的过程与行为，也可以说是传播者获取受众视听反应的过程[①]。在新闻传播中，受众是必不可少的一环，新闻传播的过程中也必须要有受众接受新闻信息的过程，因此，真正意义上的新闻传播，也必然有反馈环节。完整的新闻传播过程就是一种相对独立的行为过程，新闻信息的传递与反馈过程共存，传递在前，反馈在后，二者连通传播者与接收者，只有这样，新闻传播活动才能是一种双向互动、传递的现象，信息传播者与接收者相互协调，完成整个新闻信息传

① 彭菊华. 新闻学原理 [M]. 2 版. 北京：中国传媒大学出版社，2011：9-1.

播过程。

在新闻传播的整个过程中，反馈环节是重要的一环。多个单一且相对独立的信息传播行为互相连接就是整个新闻传播，无论是前者还是后者，都是一个相对独立的过程，反复不断，延伸构建出整个新闻传播。新闻传播的每个过程都是需要按照从前到后的顺序依次开启的。而反馈的这一环节很好地保证了新闻传播的有序进行。在新闻传播过程中，新闻信息的传播者对前一过失行为出现的原因进行研究，再进行民意检测、效果研究以及受众研究等，确保获得精准无误的信息反馈，并对新闻传播的方式及内容进行修改和调整，确保新闻传播可以达到目标效果，前后协调统一。

第三章　融媒时代新闻传播者与受众的角色定位

第一节　新闻传播者的角色定位与素质要求

新闻传播者扮演着多种角色，如“守门人”、环境临测者等，拥有很高的社会地位，在人类社会的发展中发挥着重要的作用。新闻传播者还是社会舆论的引领者和倡导者，受到整个社会的敬畏和推崇。因此，有必要对新闻传播者的角色进行定位，并就其素质要求展开研究，这也是我们研究和探讨新闻传播活动的基础。

一、新闻传播者的角色定位

（一）新闻信息的守门人

1947 年，美国传播学重要奠基人、社会心理学家库尔特·卢因在《群体生活的传播管道》中首次提出了“守门人”一词，他指出“信息总是沿着包含有‘门区’的某些管道流动，此时此地，或者根据公正无私的规定，或者根据守门人的个人意见，决定信息或商品是否允许进入管道或继续在管道里流动”①。他认为，新闻传播者就是信息流通管道的“守门人”，随后这一概念被新闻传播领域广泛认可并使用。

1.“守门人”概念的引入

1950 年，传播学者怀特将“守门人”这一概念引入自己的研究中，发现新闻机构在新闻报道中扮演着新闻信息“守门人”的角色，在对新闻信息进行筛选和取舍后，才将新闻信息公之于众。以美国一家报纸的编辑为例，该编辑对新闻信息的取舍就是一种常见的“守门”行为。这一取舍模式如图 3-1 所示。

---

① 陈霖. 新闻传播学概论 [M].4 版. 苏州：苏州大学出版社，2013：52.

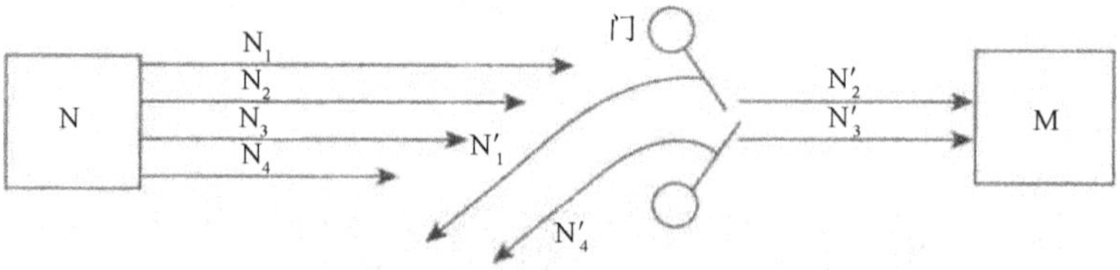

图 3-1 “守门”行为模式

这一模式为新闻机构的新闻稿选择过程的研究提供了基础，但其也引起不少争议，因为这一模式过于简单，只适用于一部分新闻报道。丹尼斯 • 麦奎尔、斯文 • 温德尔认为，这种取舍模式“给人们的一个印象是，仿佛不断地和自由地流动着范围广阔的新闻，这些新闻只得用适合某些报纸的方法加以选用”①。即便存在诸多争议，但这一模式对“守门人”概念的传播还是产生了较为广泛的影响。

2.“守门人”概念的完善

1959 年，麦克内利提出了新闻流动模式（图 3-2），这一模式详尽地分析了新闻传播过程中“守门人”可能存在的诸多情况，如多级“守门人”、“守门人”的任务不限于选择或拒绝以及“守门人”与接收者的角色互换等。这一模式是对“守门人”概念的进一步补充和完善。

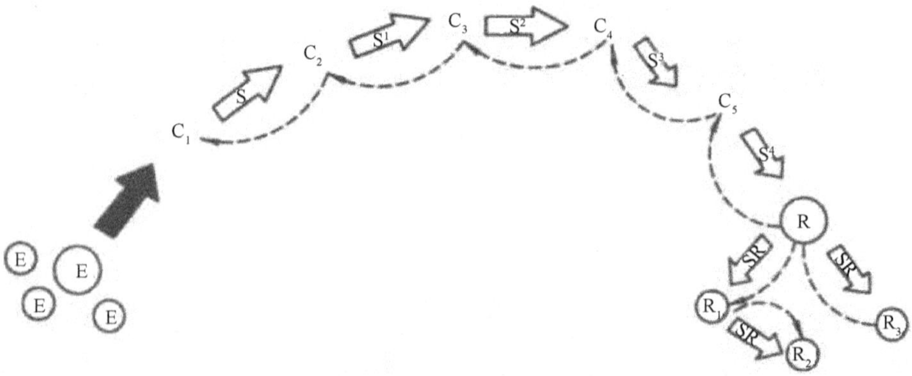

图 3-2 新闻流动模式

新闻流动模式进一步拓宽了“守门人”概念，更为详尽地研究了新闻传播活动的全过程，但依然存在一些明显的问题。比如，同怀特的“守门”行为模式一样，将“有新闻价值”视为理所当然，不能客观地反映新闻信息传播的全过程，将新闻记者作为新闻信息的来源而不考虑新闻记者对新闻事实本身的最初选择。

3.“守门人”的因素分析

1965 年，盖尔顿、鲁奇另辟蹊径，分析了社会事件具有怎样的特点和因素才有可能

① 丹尼斯 • 麦奎尔，斯文 • 温德尔. 大众传播模式论 [M]. 祝建华，武伟，译. 上海：上海译文出版社，1997：135.

被“守门人”选中并送入传播媒介与受众见面。盖尔顿和鲁奇认为，“守门人”在将日常事件转化为新闻事件的过程中要遵循一定的标准，这个标准带有一定的客观性和系统性，绝不是随心而定的。他们指出，“守门人”的媒介感受受到以下九种因素的影响，如图 3-3 所示。

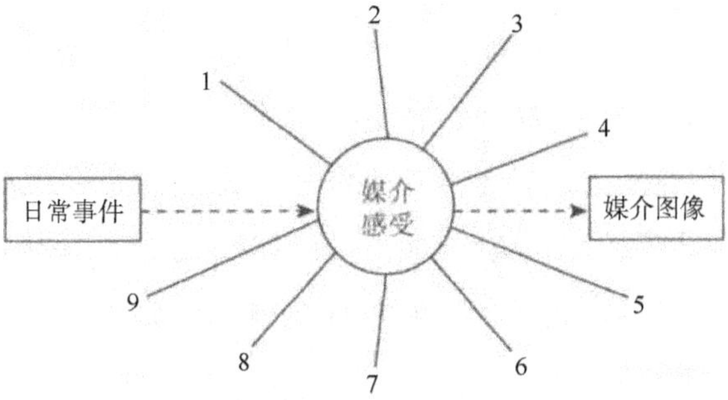

图 3-3 “守门人”九因素分析

1，时间跨度；2，强度；3，明晰度；4，文化接近或相关；5，一致性；6，突发性；7，连续性；8，构成；9，社会文化价值观念

“守门人”九因素分析在很大程度上考虑到了新闻工作者选择行为的复杂性，对于研究新闻价值具有重大意义。但这一理论并没有对影响“守门人”的其他方面的因素加以研究。

4.“守门人”的差异分析

1969 年，巴斯注意到了“守门人”的差异性，在此基础上将新闻分为采集和加工两个阶段，提出了新闻流动的“双重行动模式”，如图 3-4 所示。

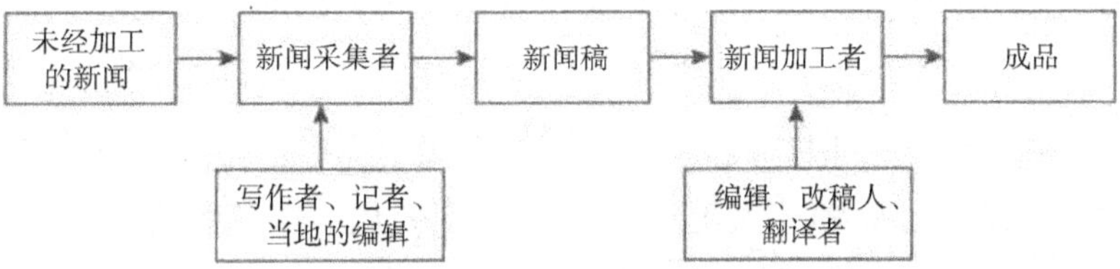

图 3-4 新闻流动的“双重行动模式”

首次“守门”任务由新闻采集者承担，他们将客观发生的事件，也就是“未经加工的新闻”，制作成新闻作品，即形成新闻稿，这是新闻流动的第一阶段。二次“守门”任务由新闻加工者承担，他们对上一阶段形成的新闻稿进行修改，并形成“成品”，然后传递给受众，这是新闻流动的第二阶段。两个阶段的划分有助于将两部分人分开：一部分是最接近信源和最倾向于信源的人；另一部分是那些就“守门”行为的意义来说，更为实事求是地工作，对新闻内容进行挑选、修改和剔除的人。新闻研究者认为，新闻流动的“双重行动模式”对研究新闻传播者的活动非常有用。

5. 新闻传播者“守门人”角色的分析

新闻传播者在传播新闻过程中要完成选择、剔除、修改与加工一系列环节，这些环节决定了传播到社会公众面前的新闻内容。新闻传播者的这一角色功能，意味着它对整个社会的信息环境所担负的责任。新闻传播者在信息传播工作中发挥着巨大作用。作为新闻信息的“守门人”，新闻传播者应该时刻坚守自己的本心，在传播新闻的过程中时刻以国家和人民的利益为出发点，关注新闻的社会导向，本着丰富人民群众的物质生活和文化生活的原则整理和传播新闻信息，以保障新闻传播的良性发展。

同时，“守门人”角色功能的行使具有系统性，即它总是在被高度控制的组织之中执行和完成的，在每一个环节必须服从“守门”的指令，才能确保特定形式和内容的信息传播到受众那里。“守门”与新闻传播的整套程序的密切关联凸显了现代新闻传播者的高度组织化特征。

对新闻传播者的角色定位应该限制在新闻信息传播活动的内部，如果脱离了这一限制，那么“守门人”这一概念便会泛化，不利于对新闻传播者在信息传播中所扮演的角色进行解释。此外，新闻传播者的“守门”行为并不一定都是其本身做出的，有时候也会受到政策和制度等的影响。这就意味着新闻传播者这个“守门人”背后还有更高一级别的“守门人”对信息进行筛选和把控，这就超出了新闻传播学的范畴，进入了社会控制范畴。

（二）生存环境的监测者

人类最初的新闻传播活动始于原始社会。由于原始社会生存环境恶劣、生产力低下，人类不可能脱离群体单独存活，所以人类在为生存资料奔波的过程中必须与外部进行信息交流。这样，不仅有利于采集、狩猎等工作的高效开展，还可以及时接收警报，提前做好防范工作。这就是最初的新闻传播活动。从这一点也可以看出，新闻传播者最初就行使着环境监测者的角色功能，而随着人类社会的发展和变化，这一角色功能的作用越来越突出。具体而言，这一角色功能主要表现在以下三个方面。

1. 记录影响人类生活的灾难

新闻传播者总是对世界上的灾难高度敏感。当战争爆发，当地震发生，当恐怖袭击发生，当台风来临……新闻机构总是试图让他们的记者尽快到现场了解事实，跟踪事件，并在事件发生时发回报道。新闻受众打开电视、阅读报纸或浏览互联网，就能看到新闻机构对世界各地灾难的报道。

2. 预警可能到来的危机

当危机即将发生时，新闻传播者应及时报道危机趋势，引导受众做好防御准备。当台风来临前，新闻媒体应配合气象部门及时预报台风的临近信息，包括台风的行程、破坏程度、防台风措施等。当然，新闻传播者不局限于对自然灾害的预警，还涉及对社会危机的预测，其方式也不局限于新闻报道，还可以利用新闻评论。

3. 实施新闻舆论监督

"舆论"一词起源于西方，最初指在社会生活中具有相同或相似的政治经济地位、利益关系和文化观念的人或社会群体对他们所关心的某一现实问题所持的共同意见。发展到现代，"舆论"一词中融入了民主政治思想，强调社会公众表达自己意见和想法的权利。《中华人民共和国宪法》赋予了公民言论和出版自由的政治权利，这就为公众舆论的良性发展奠定了坚实的法制基础。

新闻舆论监督是指"新闻传播者通过新闻媒体的报道、评论，针对国家、政党、社会团体、公职人员的公务行为以及社会上一切有悖于法律和道德的行为进行曝光，揭露、批评、抨击时弊，抑恶扬善"[①]。中华人民共和国成立以来，民主政治得到了极大发展，这在很大程度上得益于民主监督（舆论监督）。舆论监督虽然不像法律一般具有国家强制力，但是由于这一监督模式快速、及时且范围广泛，对社会不良现象的揭露深刻，得到了社会的普遍关注和认可，在国家民主政治建设、经济建设以及文化事业的发展方面做出了重大贡献。

尤其是改革开放以来，舆论监督的影响范围越来越广，如揭露公权力的贪腐行径、曝光欺诈活动、攻击腐朽价值观、为社会弱势群体发声、声讨社会黑恶势力等。这有力地打击了社会不良言行，对公众舆论起到了良好的导向作用，对营造良好的社会氛围大有裨益。舆论监督鲜明地彰显了新闻传播的力量，成为吸引公众关注和监督社会权力的重要途径。

舆论监督效力取决于新闻传播者，更取决于新闻传播者的新闻报道中所承载的民情和民意，其更来源于新闻传播者背后坚实可靠的民主政治制度。社会民众呼吁公权力的公开透明，呼吁自己的社会监督权利得以实施和保障，这体现了公众权利意识的增强，是民心所向，是社会文明的标尺。在这一强烈的民意要求和坚实的制度保障下，新闻舆论监督才得以实施，新闻传播者的监督功能才得以发挥作用。

（三）社会交往的中介者

社会交往是人类特有的活动方式，它概括的是人与人之间的社会关系，包括人与人、人与社会群体、民族与民族、国家与国家之间的各项交际。社会交往涉及社会生活的方方面面，新闻传播者在社会交往中通过新闻信息的选择、加工和传播影响着社会的各个领域，被称为社会交往的中介者。

---

① 陈霖. 新闻传播学概论 [M].4 版. 苏州：苏州大学出版社，2013：58.

1. 中介功能的发挥

新闻传播者收集来源于社会各个阶层的信息资源，并对其进行筛选、将其加工成新闻，然后在此基础上进行传播，实现社会各阶层之间的信息沟通。现代社会分工越来越细，相关性越来越强，任何一个领域的变化都会影响其他部门，因此各个系统和部门都需要了解其他系统和部门，以更好地协调、合作，确保新形势下整个社会系统的均衡、良性运行。而每个系统不可能完全独立地收集其他系统的信息，这个任务就落在了新闻传播者的肩上。

新闻传播者作为新闻信息的加工整理者，其本身并不创造新闻，而是新闻信息传播的纽带和中介。一方面，新闻传播者的生存和发展是以社会系统中的新闻资源为基础的，如果失去了新闻资源，那么新闻传播者就会面临“巧妇难为无米之炊”的局面，这一职业就岌岌可危了。另一方面，这种中介功能意味着新闻传播者是各种社会制度和社会力量的主要公共关系对象。

2. 新闻传播者面临的矛盾

由于新闻传播者对社会制度具有一定的依赖性，在政治或者经济上属于某个群体，这就导致新闻传播者的活动总是受到某一强大社会群体的束缚，从而在新闻传播活动中失去客观、中立的立场。为了摆脱这一束缚，发挥新闻媒体应有的作用，新闻传播者必须是相对独立的，这样才不至于沦为某个群体或者强大势力的利益喉舌。新闻传播活动的实质是构建社会传播的公共空间，这不仅意味着不同制度、不同阶级的信息在这里收集、传播和交流，还意味着公众舆论在这里形成，并向所有公民开放。

大量事实证明，新闻传播活动以某事件为发端，围绕事件的报道和评论引发了公众舆论和思考，讨论了社会现象，促进了民主社会的发展。现代社会是一个言论和思想开放的社会，各团体因利益和主张不同，不免持有矛盾意见，新闻传播者应该为这些观点的展示和讨论提供一个广阔的平台，保证社会传播活动的正常进行。新闻传播是影响现代社会舆论形成的一股强大力量。如果舆论只存在于街头，那么各种分散的舆论力量是有限的。分散的舆论只有通过新闻媒体的广泛传播，引起人们对某一社会问题的关注，才能得以巩固，从而影响人们的思想和行动。

在现代社会，新闻传播机构迅速发展壮大，它们以最快的速度将新闻事件报道出来，而民众也越来越习惯将新闻传播机构所提供的新闻作为自己与社会进行信息交互的纽带。民众通过新闻报道得知新闻事件后，会随即针对事件本身做出思考并表达自己的想法。新闻传播者对新闻事件进行传播的过程其实就是舆论发酵的过程，有可能随时引起受众的广泛关注并激发热烈讨论，触发公众舆论。同理，如果一个社会事件有可能会引发社会舆论，但是新闻传播者没有对此进行报道，那么该事件的关注度就会降低，引发社会舆论的可能性则会大大降低。

新闻传播者作为信息传播的媒介，还面临着另一个亟待解决的问题：新闻报道总是要在诸多社会事件中挑选少数事件，而这少数事件无疑被“放大”了。如果新闻传播者在选择新闻信息时不够客观，失去了公正的立场，那么其中介作用便会模糊化，便会对新闻传播活动产生不利影响。

因此，新闻传播者要想在社会传播中发挥媒介作用，就必须保持良好的口碑。新闻传播者无论有意还是无意地传播虚假信息，都会导致可信度的降低。新闻传播者只有客观、准确地传播信息，其中介活动才能正常开展。

（四）民众生活的服务者

新闻传播者的工作宗旨是全心全意为人民服务，这种服务不仅体现在其角色功能上，还体现在新闻传播活动的方方面面，具体表现如下。

1. 提供生活信息

新闻传播者有责任和义务及时报道与人民生活相关的方方面面的信息，为人民生活提供便利。例如，及时向公众报道天气、空气质量、价格、汇率、水电供应、医疗卫生等方面的变化，使公众在工作和生活中做出相应的调整，这是新闻传播活动的重要内容。近年来，我国的许多新闻媒体都加强了这方面的报道，努力贴近和服务人们的生活。当然，提供生活信息不仅包括报道上述实用信息，还包括反映人们生活中遇到的困难和问题，并传播社会弱势群体的声音。

2. 提供知识信息

新闻传播者通过报道各领域的最新事件和变化来提供各领域的知识。新闻传播者经常通过专家访谈、背景资料介绍、专题讨论等方式传播最新的知识信息，使公众获得最新的知识，更好地了解新闻事件。这些知识信息包括国家政策、法律法规、新科技成果以及与现代生活相关的各方面的知识。

新闻传播者在提供知识信息时要注意以下两点。首先，新闻传播者不可能精通所有领域的知识。这就需要新闻传播者在检索信息时要更多依靠专家信息源，具备检索相关领域知识的能力，并在此基础上努力提高自身的知识水平，扩大知识面。其次，一些领域和行业具有较强的专业性，其知识或者相关表述很难被群众理解和接受，这就对新闻传播者提出了更高的要求，从业者必须努力提高自己的新闻语言转化能力，使报道更加通俗，便于被受众理解和接受。

3. 提供娱乐信息

随着社会的发展，人们的生活水平越来越高，对文化娱乐也越来越重视。因此，新闻传播为群众提供丰富多样的文化娱乐新闻也成为社会大趋势。在现代新闻传播活动中，新闻传播者为了获得更为广泛的受众群体，想法设法为民众提供多方面的娱乐信息。以报刊、杂志等纸质媒介为例，它们以文字为载体传播新闻信息，具有方便保存的优势，大多会通过开设副刊或者设立专门的文化娱乐专版、专栏等来吸引读者，这既能满足民众的文化娱乐需求，又能提高自身的影响力。21 世纪创刊的一些报纸和杂志同样十分重视文化娱乐新闻，在文化娱乐新闻的报道上形成了自己的特色。

文化娱乐信息虽然可以吸引受众眼球，提高新闻传播者的影响力，但新闻传播者在新闻传播过程中仍要坚守新闻报道的一般准则，不要陷入新闻娱乐化的误区，在传播活动中严格把控文化娱乐类信息在新闻报道中的质量，做到精细化。近年来，新闻行业市场竞争激烈，新闻从业者的素质良莠不齐。有些新闻从业者社会责任意识淡薄、社会公德心缺乏、价值观导向不良，为博取受众眼球，将新闻信息娱乐化，甚至传播庸俗信息，给新闻行业发展造成了恶劣影响。为打击不良之风，相关部门采取各项措施积极应对，要求并引导新闻传播者传播积极向上、充满正能量的娱乐信息，更好地服务群众。

新闻传播者的作用和功能需要相应的社会条件的支持，其中最重要的社会条件是民主和法治。只有在民主政治制度中，新闻传播者才能发挥上述作用。要想正确、有效地发挥新闻传播者的作用，法治是必不可少的。一方面，法律规定了新闻传播者的法律地位及其活动的法律界限；另一方面，法律为新闻传播者的权利提供了保障。

二、新闻传播者的素质要求

新闻传播者扮演着重要的社会角色，这就对新闻传播者自身的知识和能力提出了更高的要求。新闻行业的激烈竞争也给新闻从业者敲响了提升自我的警钟。笔者认为，新闻传播者应具备以下基本素质。

（一）政治素质

新闻事业的职业要求以及新闻所具有的社会形态属性对新闻传播者的政治素质提出了更高的要求。新闻传播者的政治素质具体表现如下。

1. 社会责任感

社会责任感是新闻传播者的重要素质之一。新闻传播者要有远大的志向和高洁的情怀，要有为国家、为社会、为民族不懈奋斗的勇气和决心，做到“有关大众事多做，无益国家事莫为”。新闻传播者的责任就是以手中的纸、笔和社会信息为载体，站在国家和人民利益的角度去权衡问题，本着对新闻报道负责的精神，客观、公正地报道新闻事件，为国家和人民群众服务。

2. 政治敏锐性

政治敏锐性是衡量新闻传播者政治素质的首要标准。新闻传播者应坚持党的指导思想，贯彻执行党的大政方针，用科学理论武装大脑并指导工作实践；要突出抓好政治信仰、政治理念、政治意识和政治品德的自我教育，不断增强自身贯彻执行党的基本理论、基本路线、基本纲领、基本经验的自觉性和坚定性，真正成为宣传贯彻党的路线、方针和政策的中坚力量，成为推进社会主义现代化建设的骨干力量。

3. 政治预见性

政治预见性指的是胸怀全局地观察问题、分析问题和解决问题的综合能力，即政治洞察力。新闻传播者要高瞻远瞩，不被表象和假象所迷惑，能够正确把握客观事物发生、发展的运动规律，对其发展的趋势及其结局能够有所预测，实事求是地工作，提高新闻报道的科学性。

4. 政治坚定性

政治坚定性要求新闻传播者要坚定对马克思主义的信仰、对社会主义和共产主义的信念，对中国特色社会主义事业充满信心，对改革开放和政治经济发展充满期盼，对祖国和人民的未来发展充满憧憬。政治坚定性要求新闻传播者自觉抵制腐朽堕落文化、价值观的侵蚀，杜绝极端个人主义、拜金主义、享乐主义等腐化思想的影响，时刻保持政治上的坚定和清醒，做到坚定信仰、忠于党和人民，立足全局，为中国特色社会主义事业奋斗终生。

5. 热爱人民群众

穆青说："干新闻工作是需要积累各种资料的。有题材的积累、主题的积累、语言的积累等，但是最重要、最根本的是思想感情的积累。这是一种无形的积累，是无法用几千张、几万张卡片衡量其价值和分量的。说到底，对人民群众的思想感情问题是立场问题、人生观问题。这是记者素质最为重要的方面。"新闻传播者是人民群众的发声器和传声筒，表达和呼吁的是人民群众的观点和诉求。这就要求新闻传播者有踏实肯干的毅力和乐于奉献的精神，做到紧密联系人民群众，把群众作为衣食父母，深入了解群众需求，在感情上视人民群众为亲人，与人民群众心连心、手牵手，急群众之所急，想群众之所想。

6. 熟悉政策方针

新闻与政策好比一对孪生兄弟，甚至在许多情况下，新闻往往被视为政策。政策的宣传推广、深入解读以及落实情况的跟进都离不开新闻报道，这就意味着政策性的新闻报道本身就具有政治性。所以，新闻传播者必须了解国家的政策方针，具有一定的政策意识和政策水平，这也是对一名合格的新闻传播者重要要求。

政策意识是指头脑里始终要有“政策”两字，时时处处讲政策，按政策办事，用政策衡量和检验新闻事实与新闻报道，而不是随心所欲、信口开河，也不是人云亦云、糊里糊涂，更不是与政策唱反调、出风头。

政策水平是指新闻传播者要洞悉政策内容，对政策的阐释和解读要透彻到位，并且及时跟进政策的变动情况，做到新闻报道必须完全符合政策精神，不存在任何曲解和偏差，以免误导大众。

政策是国家政权机关为实现一定时期的政治、经济目的而制定的行动准则和措施办法。新闻传播者要以国家的基本政策为标尺，不断增强政策意识、提高应对政策性新闻的能力。政策可以分为总政策、分政策，可以分为大政策、小政策，还可以分为中央政策和地方政策，新闻传播者需要区分这些政策之间的主次或者从属关系，这对提高新闻传播者的政策意识和政策水平有很大帮助。

（二）理论素质

新闻传播者要具有较高的理论素质，只有这样，才能站得高、看得远，才能有很强的分析和解决问题的能力，才能有很强的预见能力。

新闻传播者在社会各个发展阶段都总是站在社会的前列，他们有更多的机会接触不同阶层的人和事，也更容易被外界环境影响。所以，新闻传播者应保持高度警惕，学习和践行党的路线、方针和政策，以高度的责任感和敏感的政治神经洞悉和观察社会现象，透过社会现象深挖其本质。同时，新闻传播者要与时俱进，更新观念，不断提高自己应对新情况的能力。另外，新闻传播者还必须增强“四个意识”、坚定“四个自信”、做到“两个维护”，拥护党的路线、方针和政策，与中央保持一致，保持政治上的清醒和坚定，并增强责任意识和全球意识，抓住时代的脉搏。

理论素质与政治素质密不可分。政治素质的内容包括科学的思维方式、正确的三观以及坚定的政治信仰。新闻传播者的理论素质是政治素质的基础，对政治素质的定位和发展具有决定性作用。所以，新闻传播者应该把提升理论素质放在首位。可以说，新闻传播者只有具备较高的理论素质，才会有坚定的政治信仰，才能保持清醒的政治头脑。坚定的政治信仰反映在坚定的共产主义信念上。这不是单靠语言或简单的感知就能实现的。感知只能解决现象的问题，理论才能解决本质的问题。

（三）业务素质

新闻行业的激烈竞争对新闻传播者的业务素质提出了更高的要求。一般来说，新闻传播者的业务素质体现在以下几个方面。

1. 社会活动能力

社会活动能力是新闻传播者必备的业务素质。新闻传播活动需要寻找信息源、线索源，这就要求新闻传播者必须通过其社会活动能力，建立一个为自己所用的社会关系网络，以便更快、更深入地采集新闻信息，并及时发布。新闻传播者要与社会各行业、各阶层的人打交道，通过广泛的人际活动掌握社会信息，洞悉社会发展的新动向，发现潜在的问题，以服务于新闻工作。

2. 调查研究能力

研究是一种广泛应用于各行各业的工作方法，是人们开展得最多的一项社会活动，如领导干部、政治工作者、司法人员、学者、市场营销人员等的调查研究。不同于其他人的调查研究，新闻传播者进行调查研究的主要目的是获取并传播新闻信息，并且需要在短时间内快速、高效地完成调查研究。因此，对于新闻传播者来说，调查研究能力是最基本、最重要的能力。

新闻传播者的调查研究能力是一项综合性指标，既包括对调查研究具体任务的认识，也包括对调查研究方法的正确运用，集中体现在新闻传播者快速搜集新闻事实和深入分析新闻事实的能力上。新闻传播者调查研究能力的高低决定着新闻传播者能否及时发现事实、理解事实、选择事实、核实事实、跟踪事实、最终报道事实。

在新闻传播者的调查研究中，现场调查具有突出的意义。很多新闻事实是实时发生的，因此新闻报道要有强烈的现场感。最有效的新闻报道方法是直接观察，而最好的新闻报道往往来自记者的直接观察。只有具备较强的调查研究能力的记者才能真正把握事实和事实的真相。因此，现场采访是新闻记者的日常工作。而现场采访要求新闻记者看清楚现场场景，弄清事实的背景和因果关系，这是非常紧张和复杂的劳动，非常讲究技巧。

3. 新闻敏感

新闻敏感是新闻传播者敏感捕捉具有新闻价值的信息的能力。有新闻价值的信息转瞬即逝，如果不能迅速提取并加以利用，便会失去挖掘其价值的机会。新闻传播者应该具备信息分辨能力和洞察能力，及时发展有价值的新闻线索，并将其筛选出来加工成有价值的新闻。有经验的记者甚至可以从处于萌芽阶段的新闻事件的相关信息中感受到它的价值，从而先发制人，抢占先机。

4. 文字表达能力

写作和报道是新闻工作的最后落脚点。广播、电视、数字媒体虽然有更丰富多样的信息传递方式，但写作技巧，尤其是文字表达能力仍然是新闻传播者的基本功。这种能力包括语言能力、严密的逻辑思维能力、翻译能力等。

5. 驾驭现代采编工具的能力

社会在发展，时代在进步，采编工具也在与时俱进、更新换代。这就要求新闻传播者具备熟练运用现代采编工具的能力。数码仪器是必不可少的采编工具，如扫描仪、录音笔、摄像机、照相机、电脑、电子照排机等。另外，新闻传播者还要具备使用外语采访与写作的本领，学会驾驶汽车等现代交通工具，这样才能满足日益激烈的新闻竞争需求。

（四）作风素质

优良的作风素质是做好新闻工作的基础。所谓作风素质，就是指新闻传播者在思想和行动方面呈现出来的综合状态。良好的作风素质表现如下。

1. 艰苦奋斗

艰苦奋斗从表面上看是新闻传播者的工作和生活方式，但其实质是党性在新闻传播者个人身上的集中体现。广大新闻传播者需要保持清醒的头脑，从工作和生活中的小事做起，规范自己的言行，努力防止小问题逐渐发展为大问题。同时，新闻传播者要客观地看待新闻工作，在实践中树立和坚定为社会和群众服务的理念。

树立艰苦奋斗的作风，必须同人民同呼吸、共命运。新闻传播者失去了谦虚、谨慎、努力工作的优良传统和作风，就会丧失进取精神，贪图享乐，对群众的苦难漠不关心，对群众的呼声充耳不闻，必然与群众脱节，不敢与群众见面。因此，大力发扬艰苦奋斗的作风，关键是要努力维护群众的利益，保持同群众的深厚感情。

2. 实事求是

新闻传播者报道的新闻必须是客观存在的，新闻实践中的新闻思想、新闻计划和新闻节目必须以客观事实为依据。新闻传播者必须坚持马克思主义唯物论和辩证法，使自己的思想和实践符合事物发展的客观规律，否则，新闻信息便会偏离真相，远离客观现实，不仅达不到预期效果，还会产生严重的负面影响。

3. 严谨细致

新闻工作要“贴近现实、贴近生活、贴近群众”，有正确的价值导向，促使社会舆论氛围良性发展。这就需要新闻传播者有严谨细致的工作态度，深入、广泛地开展新闻工作，用行之有效的方法推进新闻信息的传播。新闻宣传工作必须把党的意志的表达和人民群众愿望的反映有效地结合起来，做到严谨细致。

4. 敬业奉献

敬业是社会主义核心价值观个人层面的价值准则，也是新闻传播者必备的精神素养。新闻传播者应该高度热爱新闻事业，以高度饱满的热情和积极向上的工作态度投入新闻工作，立足客观实际，从小事做起，增强责任意识，做到“干一行爱一行，干一行精一行”。

同时，新闻传播者要提升工作境界，淡泊名利，抵制权钱诱惑，不忘初心，更好地为社会建设服务、为人民服务。

5. 清正廉洁

新闻传播者同社会接触广，工作环境复杂，受到的各种利益诱惑很多，如果不能廉洁自律，追求享受，贪图安逸，拜金主义、享乐主义、极端个人主义等腐朽思想就会乘虚而入，腐败现象就会滋生。因此，新闻传播者要加强作风建设，勤奋工作、艰苦创业、厉行节约、廉洁自律，树立严于律己、清正廉洁的优良作风。

6. 勇于创新

新闻工作由于其性质的特殊性，随着社会的发展，不断面临新的机遇和挑战。只有创新，新闻工作才有活力。所以，新闻传播者要与时俱进，勇于创新，抓住机遇，紧跟时代发展的步伐。新闻创新是媒体竞争和发展的必需手段，新闻传播者要想在新闻实践中抓住新闻事实的本质，写出有思想深度的报道，就要树立创新意识，注意培养自己的创新能力。

第二节 融媒时代新闻受众的需求与满足

新闻信息的接收人被称为受众，根据新闻传播媒介的不同，受众也被称为听众、观众、读者等。新闻工作者作为新闻的生产者和传播者，其最终目的是将新闻通过不同媒介送达受众，所以他们最为关注的问题是受众到底包含哪些群体。受众是新闻工作的终极目标和终极指向，他们在接收新闻信息后，会通过大脑对这些信息进行消化和加工，并对信息进行评价和传播，进而有可能会随之产生认知、态度和行为上的相应变化，这一系列的反应最后会通过某些方式反馈给新闻传播者，这便是新闻传播活动的效果。

为了提高信息传播效度，新闻传播者必须对受众具有清晰的认知，了解受众的基本特征。新闻受众由不同阶级、不同领域、不同特征的人组成，具有主动性、广泛性、分散性、混杂性、隐蔽性、流动性和自由性等特点。受众群体不同，其在参与信息交流时的关注点和要求也不同。面对极其复杂的受众，新闻传播者可以根据不同的标准将其划分为不同的类型，从而掌握不同类型受众在接收信息过程中的活动规律，为新闻传播活动提供必要的依据。

一、新闻受众的心理

（一）求真心理

受众存在求真心理，其在获得新闻信息之前便进行了一个假设，认为大众传媒所报道的新闻信息是真实的。一旦受众发现新闻报道的信息是非真实的，便会感觉到自己被媒体所愚弄和戏耍了，对媒体将产生抵触甚至仇视情绪。因此，虚假新闻是新闻传播的大忌，必须避免。

由此可见，受众接触新闻的首要出发点就是获得真相。新闻媒体是环境的监测者，它通过敏锐的触角为公众提供第一手的关于环境变动的信息。在纷繁复杂的社会现实中，受众希望借助新闻媒体了解现实真相，为自己的决策提供参考。求真不仅包括知道究竟发生了什么事情及事情的经过和结果，而且包括了解为什么会发生这些事情。真相的公布满足了受众的知情权，能消除受众的疑惑，避免不必要的猜测。

（二）求新心理

受众总喜欢在新闻信息中获取新内容，这种“新”既可以体现在新闻信息的内容上，也可以体现在时间节点上。

内容上的“新”指受众对新事物、新观念、新思想的追求。心理学反射原理认为，越是新鲜和奇特的东西，越能使人兴奋，越能吸引人们的注意力，使人们在心理上产生愉悦的体验。新闻传播者应该抓住受众天然的好奇心，深入社会，挖掘新题材，用具有新有性的信息满足受众的好奇心理，这样，传播效果将大为增强。

时间上的“新”指新闻受众对各种信息最先占有的心理。快节奏的生活、先进的传播技术为新闻信息的高效传播甚至是无时差传播提供了可能，这就要求新闻传播者在第一时间通过各种媒介将信息送达受众，而受众对不断变化的新情况、新经验、新动向的追求正是新闻存在的意义，也是新闻生生不息的生命之源。

（三）求趣心理

随着后工业化社会的到来，人们不仅有获得实用信息的需求，还希望能从新闻信息中找到乐趣。再加上现代人生活节奏快、工作压力大，在休闲时间，人们希望能放松心情、缓解压力。在这种情况下，硬新闻难免显得单调而枯燥，有趣的、轻松的、有人情味的、故事性强的软新闻能给受众带来一种轻松的体验，使他们压抑的情绪得到某种程度的宣泄。

（四）求近心理

受心理趋同作用的影响，受众在新闻信息的传播过程中很容易认同那些和自己的现实状态相近的信息。这种相近包括地域的相近、风俗文化的相近、生活状态的相近、思想感情的相近等。新闻报道如具有上述一种相近或者多种相近，受众常常就会表现出集中选择和认同的趋势。认同的更高的一个层次是共鸣，这是一种基于认同的强烈的情感升华，在这种认同的感染下，受众会表现出持续兴奋的状态，并相互感染形成连锁的情绪效应和社会影响。

（五）参与心理

受众具有强烈的主观能动性。随着受众民主意识和传播主体意识的增强，他们不满足于在新闻传播中仅充当信息接收者的角色，更希望自己可以参与新闻传播。受众有利用新闻媒介表达自己观点和主张的权利，以及开展各种社会活动的权利，这种权利在新闻传播学领域被称为“传媒接近权”。所以，新闻传播媒介也应当对受众开放，供受众使用。受众通过新闻媒介来阐述观点，发表评论，也希望自己的言论能够成为社会舆论的一部分。尤其是当某项新闻报道获得受众认可并引发受众共鸣后，他们更加渴望通过新闻媒介来表达自己的看法，实现社会交流。随着科学技术的进步，新媒体技术的出现和发展为受众发声提供了广阔的平台，也为受众参与新闻传播活动提供了更为广阔的空间。

（六）易得心理

易得心理是指新闻受众在选择媒介和接收新闻信息时表现出的希望便捷轻松地进行的心理。受众更倾向于选择代价小、易获得的媒介作为获取信息的渠道。从 20 世纪 80 年代开始，我国受众群体获取信息的渠道的权重发生了三次较为明显的改变。20 世纪 80 年代初期，由于广播普及且获取广播信息的成本较低，全国受众有半数以上通过广播渠道获取信息。中央人民广播电台调查当时受众群体获取信息的渠道的权重分别为 53% 听广播，34% 读报纸，13% 看电视。20 世纪 80 年代末，随着电视机在我国的普及，电视一跃成为传播媒介的首位，广播则退居第二位。20 世纪 90 年代，电视仍居三大传媒之首，报纸成为第二位，广播的受众群体则大大减少，这是在激烈竞争中报纸新闻有长足进步的结果。即使是同一种传播媒介，新闻受众也容易接受易得性高的。新闻受众的易得心理也反映在对表现手段的要求上，若新闻音质优美逼真、画面清晰并有美感、版式生动、行文流畅简洁并有个性，受众更易于接受，也乐于接受。

（七）逆反心理

逆反心理带有强烈的抵触情绪，往往在客观环境不能满足主体需求的情况下产生。受众的逆反心理表现为对新闻传播者、新闻信息的内容具有不信任、反感情绪，严重时可能会产生厌恶甚至仇视情绪，甚至会表现出和新闻传播者意图相反的反应，采取和新闻传播者愿望相反的行动。

逆反心理削弱了新闻传播的效果，与新闻传播者的意图大相径庭。新闻媒体的报道如果多次激发受众的逆反心理，很容易使受众产生思维定式，认为该媒体具有不良导向，不值得被信任，其也就不会再关注该媒体后续的新闻活动。

逆反心理的产生受如下因素的影响：第一，新闻媒体传播的信息表意不清、词不达意，很难被受众理解；第二，新闻媒体公布的新闻信息缺乏全面性和客观性，有极端倾向；第三，传播的信息不真实，对受众具有误导性；第四，信息内容僵化死板，毫无趣味性；第五，新闻传播形式老套、陈旧，缺乏新意。

在新闻活动中，为了消除受众逆反心理带来的负面作用，新闻传播者应恪守新闻真实性的原则，坚持用事实说话，做到不偏不倚，准确地反映事物的规律，并不断提高新闻报道技巧，全面反映社会生活。

二、受众需求、受众心理与中国当代新闻改革

中国当代新闻实践和新闻传播理论已基本实现由“传者本位”向“受众本位”的转移，其转变以新闻实践的变革为先导。

改革事业的推进要从易到难，新闻事业的改革亦是如此。新闻改革从写作业务入手，强调编写短新闻，提倡快速报道、中性报道和全息式报道，这形成了第一轮改革的中心议题。随着新闻行业市场竞争的激化，新闻传播更加主动迎合市场需求，因而第二轮改革更加遵循和顺应传播规律，强调以受众为中心，更加关注新闻受众各方面的需求。

新闻受众的需求和心理也伴随着社会形势的发展不断发生变化。程世寿、胡继明认为，“不断前进的传播技术和传播方式培养并满足要求越来越高的受众，逐渐高层次化的受众对传播方式的改进也不断提出新的要求，其中尤以传播选择与传播参与的要求最为突出，它反映了现代人平等与自主意识的某种觉醒”。新闻受众心理变化表现在以下四个方面：一是从关注表象到关注深层本质；二是由关注政治到关心经济；三是由单向的认同转向自在的接受；四是更加追求新闻传播的多元化[①]。

① 程世寿，胡继明. 新闻社会学概论 [M]. 北京：新华出版社，1996：128-130.

与新闻受众需求高层次化和接受心理转变相呼应，我国新闻实践界已完成或正在进行一系列调整，这种调整已不仅仅是战术层面的，还有着战略的意味，其影响极其深远。

当然，新闻传播如果仅一味地迎合受众，也会对新闻事业的发展产生不利影响。比如，为了迎合受众，有些新闻媒体刻意降低品位，传播庸俗内容；有些媒体争相效仿某一广受推崇的媒体风格，产出一系列风格、功能趋同的产品，忽视了对自身媒体风格的建设和打造。实际上，雷同趋势曾在我国报业中有所反映，以办报方针为例，就有“晚报嫁接党报优势、党报学习晚报长处、地方报纸全国化、全国报纸地方化、行业报纸综合化”的现象。

新闻传播者和受众是推进新闻改革的重要主力，我国新闻第二轮改革以受众需求为抓手，使新闻事业打破了仅在业务层面微调的瓶颈，为下一步的新闻体制改革提供了可能。

第三节　传者与受众的互动关系与角色转换

新闻传播的整个活动过程是由传者和受众共同决定和完成的，缺少任何一方，新闻传播活动都将不存在。从某种意义上看，新闻信息的传播者和接收者才是一对相对应的新闻主体，新闻信息是两者的纽带。新闻传播者和接收者相互依存、相互制约，在一种微妙的关系中参与新闻传播活动，并对社会产生影响。

在传播学理论中，施拉姆等提出的经典模式就是将传播视为两个部分编码与解码、传送与接收信号的互动，这种互动模式强调了反馈和共享信息的连续循环。显然，新闻传播从来都不是从传播者到接收者的单向传输，而是一个相互沟通、循环互动的过程。广大受众也不是新闻传播的终结环节，而是新闻信息反馈的始发站。受众对新闻信息的反馈对传播者的后续新闻跟进具有重大意义，有助于新闻传播良性循环。

一、传者与受众传播关系重构

作为新闻传播活动中的主体之一，受众在整个信息传播活动中起着至关重要的作用。从理论上讲，“受者中心论”充分突出了受众在传播中的主导地位，更加强调了新闻传播活动围绕受众展开、一切服务于受众的基本理念。新闻传播者虽然决定了新闻传播的内容，但并不能左右受众对新闻信息的选择；虽然新闻传播者可以通过新闻媒介引导舆论导向，但受众也具有主观能动性；虽然他们可以通过传播过程对受众产生一定的影响，但受众对新闻信息的解读和反馈也会影响新闻传播行为和新闻传播效果。在具体的新闻实践中，“以受者为中心”主要表现如下。

（1）报道题材从民生新闻入手，将新闻策划融入人们喜闻乐见的报道形式中，以得到最佳的传播效果。同时，新闻传播者更加关注广大受众的真实需求，更乐意聆听百姓心声，更加关注受众的反馈信息，以求获得更好的传播效果。

（2）报道角度选择平民视角。在新闻传播中，新闻传播者尽量不要采用居高临下的说教姿态，而要把自己和受众放在平等的地位。受众一般都有一种“求近心理”，只有尊重受众，从受众角度去想问题，才能获得受众的尊重和亲近。

（3）报道方式求新求变。新闻传播者要着力挖掘有新意、有价值的新闻信息，用新角度、新方式加以传播，给受众以全新的新闻体验。以《东方时空》为例，其以多种报道方式增强新闻贴近性，满足受众的收看心理。

新闻报道应该体现和维护人民群众的利益，说群众想说的话，关注群众所关注的事，做群众想做的事，满足广大人民群众的物质需求和精神需求。如果不能做到这些，那么势必会受到人民群众的厌弃，新闻传播的价值也会成为一纸空谈。

（4）报道的最终目的是使受众正面接受新闻信息，避免受众产生逆反心理，从而达到“处处得民心”、增强宣传效果、提升影响力的目的。一个广受欢迎的新闻栏目必定是真心关心受众需求的、能够融入百姓实际生活的栏目，只有走群众路线，立足群众实际，才能保证新闻栏目的旺盛生命力。

（5）新闻语言通俗化。传统的新闻报道具有鲜明的专业腔调，语言表述模式化、刻板化，不容易被受众理解和接受，很容易使受众对新闻产生排斥，不利于新闻信息的传播。因此，新闻在语言表述上要摆脱“新闻腔”，多用贴近群众的语言来表述，这样才能获得良好的新闻效果。

二、传者与受众互动角色与功能

（一）作为服务大众有效途径的互动

新闻传播应该坚持以人为本的传播理念，而互动恰恰印证了这一理念。互动的基本出发点应该是受众，要关注受众的需求，彰显为受众服务的新闻理念。新闻媒体往往会为受众提供各类服务性内容来实现与受众的服务性互动，如经验交流、咨询问答等，为受众解疑答惑，解决一些实际问题。媒体是党和人民的喉舌，其宗旨必然是为国家建设和人民生活服务。可以说，媒体互动的最终目标就是服务群众，并在服务过程中与受众互动，接收受众反馈，及时调整新闻策略，提升新闻服务能力。

（二）作为议程设置辅助手段的互动

议程设置理论认为，大众媒体加大对某些问题的报道量，或突出报道某些问题，能影响受众对这些问题重要性的认知。在“传者本位”的时代，新闻媒体的确主导着社会舆论的走向，但其对新闻的选择并不一定总能使受众做出相应的反应。也就是说，媒体议题与公众议题多多少少会存在偏差。

2001年，复旦大学新闻学院在关于我国“议题设置”的调查中发现，新闻媒体和受众对某些议题的关注度是不同的。也就是说，受众所关注的议题，新闻媒体却没有在报道中重点突出；新闻媒体在报道中突出强调的问题，广大受众却并不关心，两者形成了错位。

在“受众本位”的时代，传者与受众的互动是媒体议程设置的辅助手段，让受众参与到议程设置的进程中，能在一定程度上起到适度的纠偏作用。这种作用有时是通过媒体直接引用受众的言论内容体现出来的，有时是在媒体采纳受众的反馈建议并对新闻选题、方针、角度进行调整后，在后来的报道中体现出来的。

（三）作为提供大众交流平台的互动

弥尔顿在《论出版自由》中指出：“一切看法，包括一切错误在内，对于迅速取得最纯真的知识来说，都有极大帮助。”他认为，真理是肯定的，也是可以被表达出来的，而且对真理进行自由和公开的探讨，可以使真理击败其他观点，彰显出无可比拟的力量。弥尔顿的这种思想经过演变和发展，形成了“观点的公开市场”以及“自我修正过程”的概念，鼓励更多的人表达自己的观点和看法，自由阐述自己的思想。通过观点的公开竞争，真实的、正面的思想观念会得以印证并保存，伪善的、负面的思想则会被击溃。政府在双方竞争的过程中，不应该参与其中，不应该协助其中的任何一方。虽然弥尔顿的主张带有一定的理想化成分，但媒体作为“社会公器”有能力且更有责任为公众提供交流平台，从而使传者与受众、受众与受众、政府与公众之间形成良好的互动。

“大众传播机构应担负沟通公共消息与意见的责任”，要“成为意见与批评的论坛”。不同社会阶层和不同领域的群体，其话语权和利益都应该得到尊重和保护。新闻媒体作为公众交流的平台，为不同阶层、不同利益群体之间的思想交流提供了空间，成为收集和整合各种观点的集散地。这在很大程度上疏导了民众情绪，保护了公众利益，有利于化解社会矛盾，克服社会不稳定因素，促进社会良性发展。在复杂的社会结构和社会群体面前，新闻媒体必须担负起构建公众交流平台的职责，承担起应尽的社会责任。

网络论坛设立的互动平台、报纸和杂志开设的言论专栏都是公共交流的互动平台。这种交流既包括新闻传播者与受众的交流，也包括不同受众群体之间的交流，他们在交流中实现了思想的碰撞或融合。这体现了民众民主意识的增强和社会参与度的提升。

在新媒体不断涌现并不断与传统媒体融合的背景下，传播者与受众互动的途径与形式定将越来越丰富。形式是前提，但互动在传播过程中所扮演的角色与功能的实现最终取决于互动的内容。新闻媒体不能为了互动而互动，也不能仅仅将互动作为哗众取宠、谋取利益的经营手段。如果新闻媒体为了互动而互动，那么必将导致新闻信息的庸俗化，导致其公信力下降和远离群众，在市场竞争中被淘汰出局。

互动虽好，但并不是多多益善，应有所选择地在新闻传播活动中设置互动内容。互动意识是基于对受众知情权、话语权的尊重建立起来的，心理空间的互动比外在手段重要得多。在互动心理的影响下，新闻界掀起了一股互动浪潮，但不乏一些盲目互动的节目和栏目。面对这种情况，BBC 互动性节目制作部主管埃玛·萨默维尔认为，必须谨慎考虑应该增强哪些节目的互动性，因为互动性节目的设置并不是多多益善的，选择合适的节目设置互动，承担起应有的社会责任，使节目价值最大化才是设置互动的意义所在。媒体不能仅仅为了互动而互动，放弃自身所负有的社会责任，传播的内容与实质以及对受众权利的关照才是互动最终的目的。

第四章　融媒时代下数据新闻的传播发展

第一节　大数据与媒体融合

科学技术水平决定了人类生产数据的能力。计算机的诞生使人类生产数据的能力产生了质的飞跃，人类对数据的生产、处理和存储能力得到了极大提升。当前，我们从传统数据时代迈入大数据时代，生产生活的方式发生了许多变化。

“话说天下大势，合久必分，分久必合。”古代章回小说常常用这句话来描述社会大势的发展变化。其实，新闻媒体的发展变化也可以用这句话来表述。与传统媒体相比，新媒体具备良好的互动性，快捷灵敏传递的新闻信息，时效性强，与人民群众的联系密切。这些优势都给传统媒体的发展带来了严峻的挑战。传统媒体为了继续生存，也积极寻求新的发展道路，不约而同地开始尝试媒体融合之路。

随着信息技术的发展，网络技术日渐成熟。海量信息通过网络传达给受众，吸引了广大群众尤其是青年人的注意力。传统媒体如广播、电视、报纸、期刊等面临着巨大的生存压力。面对新媒体带来的压力，传统媒体开始将视线转移到新媒体技术和新传播方式的变革上。媒体融合道路无疑成为传统媒体改革的必然选择。

一、大数据与大数据时代

学术界对大数据并没有给予规范的定义。大数据，顾名思义就是规模巨大的数据集，其突出特点就是规模巨大。麦肯锡全球研究院在报告《大数据：创新、竞争和生产力的下一个前沿》（“Big Data：The Next Frontier For innovation，Competition and Productivity”）中将大数据定义为“大小超出常规数据库软件工具抓取、存储、管理和分析能力的数据集”。

随着数据化的发展，大数据应运而生。大数据的本质就是数据，其仍属于数据的范畴，与数据同属于人抽象出来的非物质的概念，是人认识世界的中介与桥梁。但大数据与数据的区别绝不仅仅体现在数量规模上，否则，大数据也就失去了研究意义。某研究机构的定义则赋予了其更多的内涵：大数据是需要新处理模式才能具有更强的决策力、洞察发现力和流程优化能力的海量的、高增长率的和多样化的信息资产。

目前，对大数据的特征比较统一的认知可概括为以下四个：数据类型多、数据规模大、处理速度快、价值密度低。这一特征也被称为“4V”特征，它较为客观地描述了大数据和传统数据的区别。第一，数据类型多。大数据既包括传统的结构化数据又包括半结构化数据和非结构化数据。就这三种数据的比例而言，半结构化数据和非结构化数据在大数据当中的占比较高，并且呈现出越来越高的趋势，数据处理难度相对更大。第二，数据规模大。互联网、物联网、各种传感器的广泛使用使数据规模呈指数级增长。第三，处理速度快。数据具有涌现性、流动性、时效性，为了保证数据的价值，数据处理速度必须快。第四，价值密度低。数据的增长速度超过了数据中有用信息的增长速度，使数据价值密度越来越低，也使人们获取有用信息的难度不断加大。

学术界普遍认可将 2013 年作为大数据元年。因此，我们可以将大数据时代界定在 2013 年以后。大数据时代可以理解为人类生产、获取、存储、处理数据能力急剧增强的时期，在这一时期，数据规模之大已经无法在一定时间范围内用常规软件工具进行捕捉、管理和处理。

二、从媒介融合到媒体融合

国内学者一般认为，2004 年至 2005 年，中国人民大学新闻与社会发展研究中心研究员蔡雯在美国进行富布莱特项目研究时，发表《融合媒介与融合新闻——从美国新闻传播的变化谈起》一文，把“媒介融合”概念介绍到国内。但 1999 年崔保国在《技术创新与媒介变革》一文中就已经引介了“媒介融合”的概念。伴随着中国媒体业向深度融合发展的实践，媒介融合一度成为之后十余年的研究热词，但多数学者将媒介融合与媒体融合通用。“媒体融合”这个专业词汇（再度）成为业界和社会各界热议的话题。

人类对世界的认识并非是凭空想象得来的，而是依赖实践进行的。可以说，实践是认识的来源，人类的实践程度决定了对事物的认识程度。郭毅、于翠玲认为，媒介融合是一个历时性概念。对媒介融合的理解一定要立足媒介自身发展和演变的历程。在媒介融合的发展历程当中，学术界对媒介融合的认知经历了两次重大转变。

第一次转变是对媒介融合的研究从原有的以技术为主导的单一研究向对技术、产业、经济、文化、社会等多种要素进行综合研究的多元研究方向转变。在媒介融合这一概念刚刚提出的时候，技术研究这一视角占据了主导地位。专家和学者更多地把目光集中在媒介融合的技术基础和驱动作用上。随着对媒介融合研究的深入以及实践的拓展，除技术研究之外，相关研究拓展到了产业、经济、文化、社会等研究方面，呈现出多元化研究视角。

美国麻省理工学院的尼古拉斯·尼葛洛庞帝是媒介融合研究之初以技术为研究视角的代表人物。他认为，媒介融合就是将多种多样的媒介形式与各种各样的技术结合起来。媒介融合最早以技术为研究视角，发展到今天，技术研究视角仍然具有很大的必要性。在今天的多元化研究视角下，技术研究视角虽然不可或缺，但其主导地位已经丧失。

第二次转变是从多元研究方向转向媒体融合实操与实践层面。随着媒体融合的进一步发展，媒体从业者和研究者亟须解决媒体融合发展过程当中面临的一些现实问题，如媒体应如何融合？媒体融合的主体是谁？媒体融合的动力源是什么？媒体融合有哪些新的路径可走？媒体融合将走向何方？在强烈的社会需求和激烈的市场竞争刺激下，媒介融合的研究实现了第二次转变。

虽然媒体融合由媒介融合演进而来，媒体融合概念的使用频次日益提高，但媒介融合与媒体融合继续通用的情况将继续存在。毋庸置疑，两个概念的根本区别在于“媒介”与“媒体”，“媒介”与“媒体”既然都源于英文 medium 一词（复数形式为 media），它们的基本释义不会有什么大的差别，但分别翻译成“媒介”与“媒体”，其中文释义便有所不同，所以媒介融合与媒体融合还是有所区别的，在使用时加以区分是十分必要的。

媒体融合虽同样兼具载体、渠道、介质等技术融合与机构融合两层释义，但更侧重后一层释义。总的来说，媒介融合的外延要比媒体融合更加宽泛。蔡雯教授认为媒体融合不仅是指各种媒介（组织）之间的合作模式，还是各类型媒介通过新介质真正实现聚合和融合而形成的一种独立运行、流程完成、操作规范的新闻生产模式。

三、媒体融合的主体及其关系辨析

随着时代的发展，媒体融合已成为全球的发展大势。在这种趋势的引领之下，国内的媒体融合也呈现出如火如荼的发展趋势。尤其是 2014 年，媒体融合上升为国家战略，其再度成为业界的研究热点，并且相应产生了一系列优秀研究成果。但是，这些研究成果并没有探讨媒体融合的主体问题。传统媒体与新媒体，它们在媒体融合中，谁更有主动性？它们之间是一种什么关系？

媒体融合的主体到底是谁呢？这一学术探讨尚未形成定论。关于媒体融合主体的认识有三种较有代表性的观点。

第一种观点认为，互联网是媒体融合的主体。广东南方新媒体股份有限公司王兵认为，媒体融合必须以互联网为主体，这是互联网融合的基本属性的要求，媒体融合必须坚持“互联网 +”，而不能是“电视 +”或“广播 +”。如果传统媒体仅仅把互联网当成一种新的工具和手段，幻想以传统媒体来融合互联网媒体（新媒体），这在理论上不成立，在实践上也无一例外都失败了或者必将失败。

第二种观点认为，在媒介融合语境下，新媒体是融合的主体，而在媒体融合的语境下，传统媒体是融合的主体。丁柏铨教授认为，媒介融合的主体大抵是新兴媒体，而在媒体融合语境中，传统媒体是融合发展的主动者，具有主体的身份。进行媒体融合，并不是用新兴媒体解构传统媒体，也不是让传统媒体以丢弃自己长处的方式去迎合新兴媒体，正确的做法是“坚持传统媒体和新媒体优势互补”。

第三种观点认为，“以谁为主进行媒体融合”是一个伪命题。戴元初认为，谁更能够推进媒体融合目标的实现，谁更能够保证在融合基础上提高媒体的整体传播力、公信力和影响力，就以谁为主体，不必纠结它是不是传统的主流媒体，是不是有根红苗正的出身。传统媒体通过变革成为媒体融合中的主角，当然值得欢迎。新媒体环境下成长起来的，具有内容生产和市场扩张能力，能够承担社会责任的新媒体组织和平台同样可以成为融合主体。

新媒体的发展离不开科学技术的发展。互联网技术的发展为新媒体的发展提供了技术支持。所以，在新闻媒体行业，网络媒体化、媒体网络化、媒介社会化、社会媒介化势不可当。从这个角度来看，一些学者提出媒体融合的主体是互联网具有一定道理。如今，互联网技术已经渗透到社会生活的各个方面。其中，新闻传播行业是受互联网影响最早、影响最大的行业之一。

可以说，互联网是新媒体的母体。没有了互联网技术，新媒体也就失去了存在的根基。受互联网的影响，传统媒体在新媒体的强烈冲击之下，其生存受到了巨大威胁。传统媒体通过积极变革，转变新闻的生产、传播方式，迎来了重大的转机。可以说，传统媒体完全可以借助互联网技术获得新生。但笔者认为，媒体融合的主体并非互联网，互联网技术只是为媒体融合的产生和发展提供了技术支持。也就是说，没有互联网就不会存在媒体融合。

美国媒介理论家保罗·莱文森（Paul Levinson）将媒介分为旧媒介、新媒介、新兴媒介。媒介既然有这么多的分类，就可能有很多种融合。但是基于技术新旧，将媒体分为传统媒体与新媒体，可以说是一个永恒的分类，也是一个以技术哲学分析媒体融合的很好的视角。

综上所述，互联网并不是媒体融合的主体，而是媒体融合的技术基础。新时代的媒体融合具有复杂性和多变性，单向的媒体融合并不是真正意义上的媒体融合。因此，媒体融合的主体既可以是传统媒体又可以是新媒体。传统媒体和新媒体只有通过深层次的、广泛的交流互动才能真正实现媒体融合。

第二节　大数据对新闻传播的影响

一、大数据对新闻生产模式的冲击

（一）社会化媒体带来的冲击

伴随着大数据时代的来临，我们进入了 Web 2.0 时代。社会化媒体蓬勃发展，网络重心也从门户网站转向自媒体。随着社会化媒体的盛行，新闻传播模式也发生了相应的转变。

社会化媒体的表现形式具有多样性，如论坛、博客、微博等，甚至电子商务，都是社会化媒体应用。也就是说，今天互联网上的应用，除了各类基于 Web 模式的门户网站和搜索引擎外，其他几乎所有的应用都或多或少具有社会化媒体的属性。

自媒体是社会化媒体的主力军。每一个网络用户都可以视为一个自媒体。这些网络用户利用社交平台获取信息、进行交流，也传播信息。这些信息的产生和社交结合促进了互联网数据的产生和交流。虽然这些网络用户提供的信息多为单一化、碎片化信息，并不是全部都具有价值，但大数据和媒体平台可以从这些信息当中提取有用数据加以利用。网络用户在社交的过程中有可能会使用多种媒体平台，进行诸如打电话、发短信、发微信、浏览网页、使用论坛和微博等活动。网络用户对多种社交媒体平台的使用丰富了自媒体的内容产出。

社会化媒体的发展给新闻媒体带来了冲击。网络用户成为新闻的主导，一度让新闻媒体处于尴尬境地。这在一定程度上促进了媒体融合的发展。网易、搜狐等门户网站也开始主动开发新闻客户端，为用户推送新闻，方便用户及时获取新闻资讯，时效性很强。新闻媒体还采取了一种新的手段，即与其他软件进行绑定推送新闻信息，如腾讯 QQ 的新闻弹窗、微信的公众号订阅服务等。这些新闻传播手段都在很大程度上提高了新闻媒体的吸引力，弥补了其在时效上的缺陷，给用户带来了新鲜体验。

大数据时代，各类媒体融合发展，如电视媒体利用数字技术进行信息的发布，同时通过收集用户信息来判断用户的喜好，还能了解用户对频道的偏好、广告的投放效果、收视率等信息，这些数据的发布和采集形成了大数据流，而通过对这些数据的分析，电视媒体可以进行更好的变革。

很多门户网站深刻认识到了大数据的重要性，开始在技术和业务上对大数据进行深度开发和广泛使用。例如，土豆和优酷两大视频网站进行了合并，共同实现了技术的更新，推进了平台的拓展。通过网站合并，它们获取到了上亿的用户浏览数据，这是一项十分宝贵的市场资源。于是，各大视频网站也纷纷效仿，开始对自己的业务进行整合，着力建立大数据平台，以期获得宝贵的市场分析数据。

由此可见，无论是传统媒体还是新媒体，面对大数据时代带来的变革都积极应对、勤于探索、主动出击。我们能够深刻感受到大数据时代给我们带来的积极影响，但是对大数据资源进行开发利用的探索才刚刚开始。

（二）原创新闻的再度出售

受网络技术的冲击，传统媒体原有的优势地位受到了社会化媒体的挑战，失去了原有的霸主地位。社会化媒体虽然不具备采访权，但其传模方式更加人性化，并且具有互动性，传统媒体借助社会化媒体能即时获取用户的反馈，从而进行迅速而有针对性的改进。

所以，在媒体融合的发展趋势下，传统媒体想要获得长足发展，只能与社会化媒体融合。这样，既能凸显传统媒体自身的优势，又能弥补其缺点。传统媒体与社会化媒体的融合，虽然可能会使其失去原创新闻的独家优势，但也会使其获得更为广泛的群众支持，提高受众关注度。传统媒体出售原创新闻，但是同时也可进行电子版和新闻客户端的开发，使与受众的交流更加密切，也更能了解新闻热点和客户需求，这种良性循环将带来媒体融合的更好发展。

（三）新闻生产新特征

传统媒体受到自身特征的影响，在日常的工作当中会受到诸多因素的影响。一是要接受审查，二是要注意编排及版面、时长等对新闻信息的限制。这些导致传统媒体对新闻信息进行选择时具有很强的限制性。其优点是传统媒体筛选出的新闻信息有价值、有必要、有重点。这体现了新闻的中心化特征。这种模式下筛选出来的新闻信息内容明确、精准、价值高，但是这种新闻传播模式所传递的新闻的信息量较小，与受众的互动性较差。社会化媒体能传递给受众大量的新闻信息，满足了受众对新闻选择的要求。受众可以根据自己的需求去挑选想要获取的新闻信息，而且获取新闻信息的方式更加便捷。

社会化媒体的用户很多，使用度很高，尤其是社交类媒体，用户的使用门槛较低，基本上每一个用户都可以作为话题发布的主体，或者对新闻事件进行转发和评论。这些用户也可以通过参与某个话题的探讨，与他人交流互动，不仅能提升话题的热度，也能加快话题的传播。一些话题迅速发酵成社会热点问题，引发社会的广泛关注，随即一些官方媒体等传统媒体介入，对话题事件的发展进程进一步跟进，不仅能发挥其优势向公众提供仅威信息，还能促进社会问题的高效解决。在日常生活当中，我们也经常会见到微博、短视频等社交媒体平台的个人账户对突发事件的拍摄或直播。可以说，随着互联网技术的发展以及社会化媒体的普及，我们进入了全民直播时代，这在很大程度上保障了新闻信息传播的时效性。

新媒体时代，平台多元化、言论自由、信息丰富，社会化媒体上的信息呈现出混杂、质量不高、密度大、有效价值低等显著特点。面对纷繁复杂的信息，人们可以通过热点话题搜索和热门微博推送等方式接收重点和热点新闻。新闻机构的官方微博也会对热点话题进行比对、分析和筛选，将质量高、价值高的新闻信息应用到传统媒体当中。这种融合既保障了传统媒体的时效性，又为微博等新型社会化媒体注入了新闻价值，增强了社会化媒体的权威性。很多社会化媒体账户将重要的和精彩的新闻发布出去，以此来吸引更多的粉丝，但是这些账户对新闻信息的选择并不是盲目的，而是经过了有针对性的筛选，这就体现了社会化媒体用户对新闻信息的选择性。

社会化媒体所传播的信息往往不是系统的、完整的，而是呈现出碎片化、多样化的特点，这在一定程度上满足了受众对多元化信息的需求。社会化媒体的出现是现阶段人们生活理念和生活方式的体现，呈现的是当下人们的物质和精神需求，具有鲜明的时代特征。

综上所述，现阶段社会化媒体和传统媒体的结合更加贴合了受众的需求。传统媒体把一些重要的新闻话题在社会化媒体上发布，常常会引来大批受众的关注。这就在一定意义上完成了碎片化信息的整合，成为一种良性的互动式新闻生产。

（四）传统媒体优势依然存在

随着网络时代的到来，传统媒体原有的优势地位和影响力遭受了前所未有的冲击。在网络上，个人、群体、组织和单位都可以通过网络发布信息。尤其是自媒体，其对突发事件的反应更迅速，传播也更加迅捷。大数据时代的新闻传播基于网络，但传统媒体的优势仍然存在，如独家采访权、深入报道的深刻性与独家性以及对社会事件的连续报道等，这些都是传统媒体引以为傲的优势。可见，在数字化传播时代，深度报道仍大有可为，是传统媒体不可替代的优势所在，也是传统媒体扩大影响力的必然选择。

网络媒体虽然对传统媒体造成了巨大冲击，但仍不能撼动其在新闻界的根本地位。网络平台的匿名化、平等化、自由化，网络媒体的实时性、交互性、开放性等特点给网络用户带来了全新的体验，这些特点保障了网络媒体的活力和生命力。但这依旧不能说明网络媒体撼动了传统媒体的根本地位。面对挑战，传统媒体逐步接受了这种落差，积极寻求媒体融合，在保持和发挥原有优势的基础上，利用网络媒体的优势，使自身在新时代焕发鲜活生命力。

二、大数据对新闻生产机制的影响

（一）综合媒体形式的应用

全媒体时代，无论传统媒体还是新媒体，融合态势不可阻挡。传统媒体通过网络化的经营将由过去单一并且高度集中的中心化新闻生产过渡到整合网络媒体的碎片化数据，在与网络媒体的融合和交往中，整合数据，不断提升自身质量。可以说，综合媒体形成的应用是媒体融合的表现之一。受此影响，新闻传播的模式将发生质的改变，这种传统媒体和新媒体相互交换信息，提高新闻质量的途径，是技术的提高，也是业务整合的必然方向。

大数据时代的传统媒体已经无法再现往日的垄断优势，虽然传统媒体的采访权使其依然具有权威性，但是其信息源的掌控力已经被极大削弱。大数据时代，新媒体对传播渠道的多元化掌控是其一大优势。但是我们要承认，传统媒体仍然占据重要地位。当前，我们所要做的不是消灭传统媒体，而是发挥其各方面的优势，打造综合媒体形式，以适应大数据时代的新闻传播规律。

（二）媒体平台整合的加快

大数据时代，媒体总体呈现融合的态势，为了彼此的互补促进，媒体整合步伐加快，成为新闻传播模式的一大突出特点。以央视网作为范例，可以看到一个明显的整合媒体的进程。央视网利用中央电视台强大的传统媒体资源和品牌影响力，为广告客户拓展了受众范围，逐渐获得了市场的认同。央视网的发展历程就是对媒体融合的深刻体现。大数据时代，央视网凭借网络媒体的巨大力量，不断对资源进行整合和完善，加强了视频网站的技术开发和使用。可以说，媒体融合的态势在大数据时代变得更加明显，业务的整合、资源的互补都是当下时代媒体融合的显著特征。

（三）一定体制环境限制的突破

大数据时代为新闻传播带来了自由之风。过去，新闻报道常常受到一些有形无形的限制，不单单是新闻本身，新闻发布者、采访者以及每个环节领域都有其须严格遵守的规定。这是体制带来的限制，也是传统媒体固有生产模式带来的限制。而当大数据时代来临，网络媒体空前发达，其本身的特质为我们带来了传统媒体所没有的相对的自由。可以说，大数据时代使新闻传播突破了一定的体制环境限制，发布者更加多元化，人人都可以成为记者，而主流媒体在网络平台上也出现了一定的改变，如使用口语化词汇、热点词汇，增加软广告，等等。

虽然新闻传播获得了一定意义上的自由，突破了一定的体制限制，但是凡事都有两面性，在获得一定自由度的同时，信息滥用、新闻真实性难以保证和信息碎片化等弊端凸现。因此，大数据时代平台的使用，需要结合时代背景，完善制度和体制，在相对自由的环境中有规划、合理化地发展。

三、大数据时代新闻质量分析

（一）信息源混杂

大数据时代与传统媒体时代在新闻传播上的最大不同就是前者有着丰富而庞杂的信息源。这让新闻来源变得十分丰富，数据信息通过搜索平台或者储存媒介能轻易获得。在现实中，人们往往因顾及个人真实信息的暴露和群体的压力而不能真实地表达自己的意见，最终选择沉默。而在网络社交媒体上，人们都是匿名的，没有个人真实信息暴露的顾及，所以可以自由发声，并且网络平台上的传播具有病毒性传播特点，可以快速地将新闻事件和个人意见传达出去，与其他网友形成互动，突出表现在某一话题引起很多人的关注之后，会形成热点话题。一般情况下，事件发生的 12 小时内是网络数据的爆发阶段，这对新闻报道后续的判断至关重要。只有掌握这个时间节点，才能做好对事件的发展和爆发的预测和及时的跟踪报道。因此，对信息进行收集和跟踪，做出预判，是大数据时代新闻传播的关键。

（二）利用大数据技术提高新闻质量

大数据时代，新闻质量的提高是一个非常重要的课题。由于信息源的混杂和海量信息的涌入，人们对新闻信息往往不会进行很深的理解和把握，甚至有的人只会关注一下新闻标题。实际上，无论是传统媒体还是新媒体，对新闻质量的要示都是一致的，不能因为新闻在报道网络平台发布就降低对新闻质量的要求。新闻报道无论在什么样的平台发布都是要遵循客观性、深刻性、全面性等方面的要求。虽然人们对新媒介，常相应地给予一定的宽容，但是网络媒体自身不应当降低要求。网络媒体的优势在于内容丰富、时效性强，尤其在某些突发性事件中，自媒体的新闻报道让传统媒体黯然失色。因此，仅仅依靠传统媒体的专业性和经验或者网络媒体的迅速与丰富是不够的，网络媒体与传统媒体整合报道模式、相互融合借鉴才是最佳出路。

新闻质量的重要性毋庸置疑，无论时代如何发展，媒体融合如何深入，平台多么不同，我们对新闻质量的要求都不能降低。大数据时代，大数据技术对新闻质量的影响是一把双刃剑。我们要利用丰富海量的信息带给我们的好处，但要把握好度，将对新闻质量进行全面提升，弥补过去报道单一、信息量贫乏的短板，利用大数据平台和技术拓展视野和信息来源渠道，全面对素材进行观察、了解以及分析，做出深入、客观的报道。在大数据面前，事实简洁有力往往比一段冗长的语言更加清晰和明了。

第三节 数据新闻的演变与创新发展

数据新闻作为一种跨学科、跨领域的新闻生产方式已经悄然风靡全球，它又被称为数据驱动新闻，是媒体在大数据时代的关键变革和重要举措。国外的一些主流媒体大报，如《卫报》《纽约时报》，是数据新闻领域的领头羊，国内的新华网、网易等主流媒体也进行了数据新闻的实践。总的来说，数据新闻将开创新的发展局面，成为信息时代新闻生产的主流方式之一。

数据新闻发展至今，已形成了多种不同的类型。根据不同的划分标准，我们可将数据新闻划分成不同的类型。从数据新闻的数据来源划分，数据新闻可划分为调查型数据新闻和非调查型数据新闻；从数据新闻的生成方式划分，其可分为电脑自动生成的数据新闻和人机互动生成的数据新闻；从数据新闻的功能划分，其可分为解读性数据新闻和预测性数据新闻。当然，业界还有不同的划分标准，如按照选题的性质划分、按支撑报道的数据性质划分等。

一、数据新闻的演变

数据新闻作为一个新生的概念，它有一段很长的演化历史。英国《卫报》作为数据新闻领域的领头羊，它的网站“数据博客”的前主编西蒙·罗杰斯就曾指出：“虽然我们现在有新的分析数据的工具，但是早期媒体记者使用数据、分析数据的动机与我们并无不同。”事实上，《卫报》在早期所发行的报纸中刊登过多篇含有数据图表的新闻报道。其中，《卫报》在 1821 年 5 月 5 日的创刊号上发表的一篇调查未成年人教育系统的新闻报道被视为该报最早的数据新闻。另外，“数据博客”还曾整理了《卫报》早期历史上的 27 幅数据图表，虽然它们大多是手绘的，但是其使用数据的理念与当代数据新闻并无太大区别。当然，单独追溯《卫报》一家的数据新闻发展史是不足以诠释整个数据新闻的发展历程的，但是我们可以得出一个结论：报纸早在19世纪甚至更早的年代就开始使用数据辅助新闻报道了。然而，当时的报纸只是将数据作为一个辅助报道的元素，并没有对其进行系统的使用。数据在新闻中真正作为主导元素是从“计算机辅助新闻报道”和“精确新闻”的兴起开始的。为了更清楚地认识数据新闻的发展历程，我们有必要对其之前的发展形态做一下梳理。

纵观新闻业发展历史，计算机辅助新闻报道是最早出现的，之后是精确新闻，然后才是数据新闻，三者有着一定的延续关系，但并没有相互取代。

计算机辅助新闻报道兴起于20世纪50年代，它是“利用计算机来辅助收集和处理数据的新闻报道方式”。当时，计算机技术正处于初步发展的阶段，因此新闻报道也仅仅是利用计算机来处理政府数据库中的信息，计算机所发挥的辅助作用并不大。随着计算机技术的发展，20世纪70年代至80年代，新闻报道已经可以利用计算机来处理范围更大、领域更广的数据信息了，包括企业、科研机构、政府等的数据库的数据信息。到了20世纪90年代中期以后，互联网的快速发展和计算机的逐渐普及使新闻报道开始利用互联网进行数据的采集、分析、处理制作，这个阶段可以算得上是计算机辅助新闻报道的成熟阶段。

精确新闻兴起于20世纪60年代，由美国学者菲利普·迈耶率先提出，其是指“在新闻实践中运用社会科学研究的方法，通过科学抽样收集资料，对之进行分析，并用数据来验证事实的报道方法”。20世纪60年代，美国底特律地区曾发生了一次种族骚乱，而媒体对此持有两种不同的观点。为了验证媒体的观点，《底特律自由报》进行了一次问卷调查，并将调查分析的结果输入电脑进行比对验证，结果得出了与媒体观点完全不同的结论。这组新闻报道可以称得上是精确新闻报道的开始。它的出现与发展也标志着新闻界开始认识到数据在新闻报道中的重要地位与价值。

当计算机辅助新闻报道和精确新闻发展到一定程度后，数据新闻也就随之诞生了。但是，这三者之间是一个共存的、相互融合的关系，而且互相隔离、独立存在。首先，计算机辅助新闻报道从刚开始出现到如今，它时时刻刻都在参与着新闻的生产制作与报道，可以说，在信息高速发展的大数据时代，没有哪一家媒体能离开计算机的辅助而单靠人工做新闻。无论是从信息的采集处理来说，还是从新闻的发布报道来说，计算机作为一种辅助工具几乎已经全程参与了新闻的生产制作流程。它不仅能辅助精确新闻报道，还能辅助其他类型的报道，并在各种类型的新闻及新闻制作的各环节发挥重要作用，而数据新闻更不可能脱离计算机辅助新闻报道了。事实上，数据新闻相当于计算机辅助新闻报道的高级形态。其次，从精确新闻延伸出了数据新闻，但数据新闻比精确新闻更为精细化，它对新闻从业者的技能要求可以说是综合性的和多元化的，不仅包括传统文字写作、音视频制作方面的技能要求，还包括社科研究方法、计算机编程、数据分析处理、可视化等方面的技能要求。精确新闻从媒体自身报道的专业性出发，探寻的是如何获取新闻中的数据并利用数据来增强新闻的客观真实性，数据新闻则是从受众的角度出发，探寻数据的价值和意义，为受众提供一定的导向与帮助。从数据获得的方法来看，精确新闻主要靠调查获取数据，而数据新闻不仅可以通过调查获取数据，还可以直接从各类数据库中获取数据。

总而言之，作为“万千之宠”的数据新闻，它的产生与发展跟计算机辅助新闻报道和精确新闻有着密不可分的关系。数据新闻除了要借助计算机的辅助作用外，还要具有精确新闻的专业性、科学性。

二、数据新闻的创新发展

（一）数据新闻报道内容的创新发展

从目前国内外数据新闻的发展情况来看，数据新闻的报道内容已经涵盖了与人们日常生活息息相关的绝大部分领域，包括国际、政治、经济、文化、社会、民生、环境、体育、科技等领域。然而，国内外数据新闻所报道的领域相差甚多。此外，无论是国内还是国外，各领域的数据新闻报道的数量、范围、深度等都是不同的。总的特点是，国外数据新闻报道的领域多于国内；热门的、常见的领域数据新闻报道的数量多、范围广、有深度，冷门的、不常见的领域数据新闻报道的数量少、范围窄、无深度。

就《卫报》的“数据博客”（Data Blog）栏目和网易的“数读”栏目来说，“数据博客”报道的领域有“英国、世界、体育、足球、观点、文化、经济、生活方式、时尚、环境、科教、旅游”（UK、word、sport、football、opinion、culture、business、lifestyle、fashion、environment、tech、travel），而“数读”报道的领域有“国际、经济、政治、民生、社会、环境、其他”。“数读”所报道的领域的数量明显比“数据博客”少很多，“科教”“旅游”“时尚”“文化”等领域的报道没有被设为单独领域，而是全被归到“其他”中。这种做法虽然可以为媒体节省大量的成本和精力，但是它的这种粗放式生产方式不能满足相当一部分用户的需求，因为人都有惰性，在这个信息大爆炸的时代，大部分用户宁愿选择其他渠道，也不会从一个又杂又乱的“其他”栏目里面找寻自己所需要的内容，所以“其他”也就近乎形同虚设。此外，从各领域所报道的数据新闻数量、范围、深度来看，一般“政治”“经济”“国际”“社会”等与人们日常生活关系紧密的领域所报道的数据新闻数量最多，报道范围最广，报道深度也最深，而像“旅游”“文化”“环境”“科教”“时尚”等只与部分人关系紧密的领域所报道的数据新闻数量少之又少，报道范围狭窄，缺乏必要的深度。

随着大数据和移动互联技术的发展，用户对精细化、个性化数据新闻的要求会越来越高，数据新闻媒体的粗放式生产也将不得不向集约型、精细化方向发展，以满足不同用户的个性化需求。未来数据新闻的发展将在报道领域的设置上进一步细分，囊括政治、经济、文化、社会、生态、军事、科技、健康、教育、体育、旅游等各领域内容，在这些大的领域下还可以再细分小的领域，以方便有不同需求的用户的检索。当然，设置的各领域中报道数量、报道范围、报道深度也应该尽可能地平衡，不偏不倚。要做到这些，数据新闻媒体所需要的人才、时间、金钱、精力将要比现在多出几倍甚至几十倍，但我们相信随着技术的不断创新和发展，数据新闻的制作成本、时间将会大大缩减，报道领域的精细化、各领域报道内容的均衡化发展也一定会逐渐实现。

（二）数据新闻生产制作的创新发展

数据新闻在全球新闻界的发展已经势不可挡，无论是大型主流媒体还是中小型媒体，它们都在如火如荼地尝试着数据新闻的实践。在这个大的发展背景下，数据新闻的生产制作也呈现出了几种操作性较强的发展趋势。

协同新闻是数据新闻生产制作中的第一大发展趋势。所谓协同，就是指通过协调两个或两个以上的不同资源或者个体，一致地完成某一目标的过程或能力。所以，协同新闻也就是指两个或两个以上的不同机构或个体，协同一致地完成新闻生产制作的过程。具体到数据新闻的实际生产制作，协同新闻就是指新闻媒体机构协调掌握着大量数据资源的政府、科研机构、商业组织、个人以及具有统计学、计算机学、社会学等专业技术的机构或人员，一致地完成数据新闻的生产制作。协同新闻的发展将在很大程度上节约新闻生产的成本、时间、精力，所以这种生产方式将会受到中小型媒体机构的欢迎。

可视化设计手段多样化是数据新闻生产制作中的又一大发展趋势。当前，在我国数据新闻的可视化实践中，大多还是以静态图表信息为主，缺少动态的、交互式的设计。然而，用户往往更倾向阅读一些视觉效果更佳的、动态的、交互式的信息，所以可视化设计手段的运用是否成功是决定数据新闻成败的关键。为此，全球新闻界都在寻求一种让可视化设计视觉效果更佳的方法。目前，已经有人提出要将虚拟现实（virtual reality，VR）技术和增强现实（augmented realky，AR）技术应用到数据新闻的可视化设计中来。所谓虚拟现实技术，就是指利用计算机创造一个虚拟空间，再利用虚拟现实眼镜使用户完全沉浸在一个虚拟的合成的3D立体的虚拟世界中的技术，虚拟现实不仅会涉及用户的视觉、听觉，还会涉及嗅觉、触觉、味觉，它能构造一个与真实环境相似的世界。所谓增强现实技术，就是指把虚拟信息（物体、图片、视频、声音等）融合在现实环境中，将现实世界丰富起来，构建一个更加全面、更加美好的世界的技术。增强现实技术通过对现实场景的探测和对信息的补充使用户得到现实世界无法快速得到的信息，它的交互方式更加自然，虚拟物品也更加真实。虽然这些技术还在探索尝试中，但是在不久的未来，这些技术无疑都会被应用到数据新闻的可视化设计中来，那时受众将会获得一个全新的阅读体验。

数据新闻产品个性化提供是数据新闻生产制作中的第三大发展趋势。数据新闻产品个性化的侧重点在于重视用户体验，无论是在内容、形式设计上还是在可视化呈现方式上，每个细节几乎都要做到以用户为中心。而在今后的数据新闻实践中，为了让用户有更进一步的参与感，通过大数据的分析，每个人都可以在交互式的信息图表中找到与自身相关的信息。用户可以充分认识到数据变迁背后的变化对自身的影响，这也体现了数据新闻个性化的服务理念和产品概念的加强。

（三）数据新闻传播平台的创新发展

从目前数据新闻传播的情况来看，无论是在国外还是在国内，它的传播平台大部分还是在 PC（personal computer，个人计算机）端，主要集中在各大媒体的官方网站。当然，也有一部分已经尝试在手机客户端呈现，但数据新闻的多平台呈现程度仍然不够。

随着移动互联网技术的发展，移动终端已经成为大部分人日常使用频率最高的新闻媒介，它也是未来新闻传播的主要平台，而数据新闻要想提高传播扩散的效率，寻求更进一步的发展，就必须把传播平台转移到移动终端上来，不仅要转移过来，还要使传播平台多元化。微信、微博作为使用人数较多的移动客户端，自然是数据新闻转移平台的不二之选。当然，各大新闻媒体的移动客户端也应成为数据新闻发展的重要平台。但是，数据新闻各方面与众不同的特点使它在移动终端上的传播并不能达到 PC 端上的传播效果，这是其转移传播平台的一个主要障碍。除了传播效果不佳之外，数据新闻中大量的视频音频、交互式图表、动图等元素对用户流量的耗费也是巨大的，而昂贵的流量费用一度使大多数用户都不敢轻易点击浏览数据新闻，这也是数据新闻传播过程中所面临的现实困境。但是，随着移动终端应用程序的创新与发展以及 5G 时代的到来，传播效果不佳、流量费昂贵等问题正在被逐一破解，数据新闻传播平台的移动终端化发展是必然的，它的传播扩散效率在移动终端平台上也将得到前所未有的提高。

第四节　融媒时代数据新闻的实践困境

一、数据新闻的实践情况

从数据新闻的实践情况来看，国外新闻媒体是数据新闻主要的实践先锋，其中《卫报》、BBC（British Broad casting Corporation，英国广播公司）、《纽约时报》《华盛顿邮报》《华尔街日报》等大型主流媒体是最早一批涉足数据新闻领域的传统媒体，而且它们在实践和探索中都获得了较好的成绩，无论是在数据新闻的报道方式还是在报道理念上，都已得到业界和学术界的充分认可，并且数据新闻领域的国际奖项几乎被它们所包揽。这里，我们就以最具代表性的英国《卫报》为例，对其数据新闻的实践情况进行介绍和分析。

英国《卫报》前身叫作《曼彻斯特卫报》，最早创刊是在1821年，有着200年的历史。它本是一份地方报，但目前已发展成为英国的全国性综合日报，《卫报》也是一家全球性的新闻媒体。它与各国新闻媒体进行合作，建立了自己的分部，也推出了不同语言的版本，其中中文版《卫报》是在2009年正式推出的。《卫报》对于数据新闻的正式探索也始于2009年，它在其官方网站上开设了专门用以报道数据新闻的"数据博客"，这可谓是数据新闻发展的一个重要里程碑。"数据博客"自开设之日起，已制作发布各类数据新闻多达几千则，报道范围从国内到国际，报道涵盖了政治、商业、文化、健康、科技、体育、教育、战争、旅游、环境、时尚等不同领域，报道形式主要有静态图表、交互式图表、地图以及各种互动效果图，报道的数据类型既有量化数据又有质性数据，还有两者兼顾的混合数据。此外，"数据博客"还为每一篇数据新闻标明了数据来源，并且提供下载链接，供受众免费下载使用；设有互动的评论栏，方便受众对所读的数据新闻进行直接评论或者回复他人评论，以及针对所读新闻向编辑提出质疑和建议。同时，它具有分享功能，便于受众将新闻一键分享至脸谱、推特等社交媒体中。除了给受众提供数据新闻的报道外，《卫报》还向受众介绍和推广数据新闻，并提供数据新闻的生产制作流程和具体方法，以及免费的数据处理工具和软件；设立"数据商店"（Data Store），向用户开放数据的链接和搜索，其中有着大量的数据资料可供用户任意检索和查验。

就我国来看，虽然我国对数据新闻的理论研究滞后于国外，但是我国数据新闻的实践几乎是与国外同步而行的。究其原因，主要是因为在新媒体迅速发展的冲击下，我国传统新闻媒体与世界各国传统媒体一样，都陷入了严冬期，并且对自己的未来发展充满了迷茫，而数据新闻作为一个新兴领域成了各类媒体竞相实践的对象。传统媒体试图以数据新闻为突破口，拓宽自己的业务范围，以求重新获得原有的行业地位。我国国内进行数据新闻实践成效较好的媒体主要有网易、新华网等，网易的“数读”栏目和新华网的“数据新闻”栏目就相当于英国《卫报》的“数据博客”栏目，它们同样设有类似的栏目领域，如网易的“数读”设有“国际”“经济”“政治”“民生”“社会”“环境”等栏目，新华网的“数据新闻”则设有“时政”“财经”“国际”“社会”“科普”“感悟”“交互”等栏目。值得一提的是，新华网的“数据新闻”首页设有“信息图”“图文互动”“专题”“PC互动”“手机互动”等不同类型的栏目，以供用户根据自身所有的媒介的类型和喜好进行自由选择，这就体现了网站的人性化设计和以用户为中心的服务理念。当然，它们也有各自的评论栏、分享链接以供受众自由评论和分享。然而，它们并没有像《卫报》那样给用户提供数据的下载链接，也没有为用户介绍数据新闻的制作方法和工具，因此众包式的数据新闻生产也很难被付诸实践。另外，作为以报纸经营为主的新闻媒体《华西都市报》也于2014年推出了数据新闻，并设有“华西数据”专栏。它的数据新闻编辑团队大多是由精通绘画、设计等技能的专业制图人员组成，在数据新闻的生产流程中，编辑将制图思想传递给制图人员，制图人员接收到相关信息后将数据制成信息图表。通过这种方式生产出来的数据新闻备受争议，因为它的生产制作人员虽然在很大程度上具备了数据新闻生产的专业技能，但是他们最致命的劣势就是没有太高的新闻素养。这也反映出了当前处于严冬期的新闻媒体的竞争是何等激烈。

二、数据新闻的实践困境

作为新兴领域，数据新闻在实践发展中面临诸多挑战，在摸索中发展，在探索中逐步解决难题，这对数据新闻研究者和从业者提出了更为严格的要求。数据新闻面临的实践困境主要体现在如下四方面：第一，获取原始数据难度大；第二，相关工作人员综合素养有待提升；第三，生产制作耗财耗力；第四，生产制作耗费时间较长。

在实践过程当中，原始数据获取困难成为数据新闻发展的最大障碍，也是我国媒体进入数据新闻领域的最大制约。原始数据为数据新闻提供了基本素材。制作数据新闻时必须要有可信度高的、丰富的原始数据作为支撑。即便是在大数据时代，原始数据的获取依旧面临巨大挑战，如原始数据少，甚至根本找不到原始数据。这是因为公共数据的开放度低、公开度低，企业和政府对自身内部的数据管控严格；而大数据公司所持有的数据大多都是个人用户信息，为了保障用户的个人隐私，这些数据也不宜公开。为获取原始数据，新闻媒体需要通过合法的途径申请公开或者用金钱购买这些信息，即便是这样，仍有一些涉及政府、企业和个人利益的数据信息无法获取。有些原始数据本身并不存在，新闻媒体需要通过实际调查生成数据，而数据调查又是一个相当漫长的过程，难度很大。当今时代是一个信息爆炸的时代，新闻制作者必须从海量的数据信息当中筛选出他们所需要的数据，并且辨别其准确性，衡量信息的权威性，这个难度是相当大的，需要耗费大量的时间、精力甚至财力。

数据新闻从业人员素养低下是数据新闻实践面临的现实问题。作为综合性新兴领域，数据新闻由于其专业和学科的跨越性，对从业人员的综合素质提出了更高的要求。第一，数据新闻从业人员必须有较高的新闻专业素养，这是做好数据新闻工作的前提和基础，如果不具备这一基本素养，那么后续工作将无法进行。第二，从业人员还要熟练掌握相关的计算机专业技术，这是做好数据新闻工作的技术支撑，如计算机编程、制图、制表、设计等专业技术。然而，现实情况是，目前数据新闻的大多数从业人员对计算机辅助技术并不精通，他们对计算机技术的掌握仅限于最基础的操作，几乎没有能力通过计算机技术进行可视化设计。第三，数据新闻从业人员还要掌握跨学科的相关领域知识，这也是完成数据新闻工作必需的知识储备，如数学、社会学、统计学等等的相关知识。然而，绝大多数设置新闻专业的高校在培养人才时忽视了对理科知识的教育，只注重学生的文科专业学习，这就导致新闻行业后备力量的理科基础知识薄弱，在工作当中面临跨学科知识时叫苦不迭。很多新闻机构在招聘职员时宁可选择统计学、数学等专业的毕业生，而放弃新闻专业的毕业生。所以，高校新闻专业教育，应该积极培养学生的数据能力，努力提高学生的综合素质，帮助其适应数据新闻对新型复合型新闻人才的高标准、高要求。

生产制作成本高是数据新闻实践中的重要限制性问题。从目前数据新闻的发展趋势来看，几乎所有媒体机构都想进军数据新闻，但是想要进军数据新闻领域并不是那么简单随意的，资金问题就阻碍了大部分中小型媒体机构的进军之路，而有能力做数据新闻的只有一些大型主流媒体。那么，数据新闻的生产制作都需要哪些资金支持呢？其一，专业人才的招聘需要资金。大部分中小型媒体机构几乎入不敷出，其已经没有足够的资金额外招聘一些有资质的专业性人才，但为了做数据新闻，只能勉强使用原有人员，而这些人员做出来的数据新闻竞争力偏弱。其二，专业技术工具的购买需要资金。要想做好、做精数据新闻，就必须拥有一些专业性技术工具和软件，而中小型媒体机构拿不出资金来购买这些专业性技术工具和软件，为了省钱，他们只能使用一些免费的工具软件和分析系统，做出来的数据新闻的质量可能会受到一定的影响。其三，数据库的购买、维护和更新需要资金的支持。制作数据新闻的数据在很多情况下都是需要购买的，购买后也要不断地进行维护和更新，这就需要资金的长期投入，然而这并不是所有媒体都能长期负担的。此外，数据新闻的数据常常需要通过调查来采集生成，或者通过法律援助向政府部门申请，数据新闻的传播发布平台也需要建设和维护，这些都需要大量的资金投入，一般的中小型媒体机构根本无力承担。

数据新闻实践面对的最大问题是新闻生产制作耗时长，导致新闻的时效性变差，而新闻产品最注重的就是时效性，因此任何一个新闻产品在采集、制作和产出的过程当中都要力求做到用时最短。但是，数据新闻的产生所消耗的时间很长，原因如下。

第一，数据新闻原始数据的搜集工作耗时较长。原始数据主要有三个来源：一是向公共权威部门申请，二是通过调查问卷生成，三是向私人或商业组织申请、购买。除了第一个来源的数据获取耗时相对较少外，其他两个来源的数据获取都需要耗费相当长的时间。第二，原始数据的分析和处理工作比较复杂，耗时较长。得来的原始数据并不能直接使用，需要经过分析和筛选，鉴别数据的真伪，并反复论证通过这些数据得出的结果，这一过程也需要大量的时间。第三，数据的可视化处理需要消耗大量时间，如新闻的布局、数据图表的制作、数据新闻的设计等。可以说，一个数据新闻成品是要耗费大量时间来制作的，而这与新闻所要求的时效性明显是冲突的，我们能做的就是不断地提高制作效率，提高制作熟练度，以此来不断地压缩生产时间。

第五章　融媒时代下自媒体新闻传播的嬗变

第一节　自媒体传播中新闻各要素的变化

从某种程度上来说，Web 1.0 时代代表了一种“读时代”，用户通过互联网，通过搜索引擎，可以寻找到各种各样的信息。从这一意义上来说，Web 1.0 开阔了第一代网民的视野。到了 Web 2.0 时代，网民逐渐成长，已经不满足于单向搜索信息、被动地接收信息，跃跃欲试地加入信息制作的过程中去，由此可见，Web 2.0 开创了全民“写时代”。它打破了传统媒体精英化的、少数人生产而多数人消费的信息生产模式，草根媒体、全民“织网”的信息生产模式产生，信息传播以及媒体被重新定义。毫无疑问借助 Web 2.0，当今社会已悄然进入一个前所未有的新的媒体时代——自媒体时代。

一、自媒体与自媒体新闻传播的主要特征

美国新闻学会的媒体中心于 2003 年 7 月出版了由谢因•波曼与克里斯•威理斯联合撰写的《自媒体》（“We Media”）研究报告，该媒体中心的副主任戴尔·帕斯金在该报告的导言中对“自媒体”给出了定义:“自媒体是通过数字技术链接全球知识，从而提供一种了解普通大众如何提供和分享自身经历和新闻的途径。”这份报告揭示，新闻行业已经进入自媒体时代，“我们正在开启一个新闻业的黄金时代，但是这个新闻业不是我们通常熟知的新闻业。媒体未来学家已经预言，到 2021 年，50% 的新闻将由公众提供，主流新闻媒体不得不逐步采纳和实践这种全新的形式”。自媒体的表现形式多种多样，其中具有代表性的包括网络博客（Blog）、微博（Microblog）、网络视频播客、社交网络（SNS）、维基（Wiki）等。例如，脸谱（Facebook）、油管（YouTube）和推特（Twitter）就是国外自媒体的杰出代表。国内有微信、微博、抖音和小红书等。

人们利用自媒体平台，可以实时发布文字、图片、动画、视频等第一手资料。这样更方便快捷的新闻发布形式有时甚至可以形成强大的网络舆论，吸引各大传统媒体进行报

道，甚至影响政府的决策。自媒体凭借其日渐强大的传播功能和日渐丰富的内容、形式，充实着当代网民的精神生活，也激发了广大网民的表达欲望，以至于让人频频感叹“智慧在民间”。甚至有学者认为，自媒体似乎早已突破了信息传播媒介的范畴，日渐成为一种全新的话语体系，一种草根阶层个人意识的觉醒，一种挑战、质疑甚至颠覆权威价值体系的方式。

（一）微博：自媒体在当下的主要表现形式之下

微博是微博客（Microblog）的简称。微博被网友戏称为“围脖”，发布微博的行为即为“织围脖”。微博是基于 Web 2.0 技术，围绕用户关系网络产生的信息生产与获取、分享与传播的自媒体形式，可以即时生成、分享及传播文字、图片、视频以及动画等多媒体内容，相对于博客、播客、SNS、WiKi 等自媒体，微博显得更加简洁、开放、具有聚合性。用户可以通过 PC 端以及移动终端设备登录微博，操作简单，对设备的要求相对较低，这使微博迅速普及。智能手机、平板电脑等移动终端日渐普及。最早的微博是 2006 年诞生于美国的推特（Twitter），随后国内也有形式多样的微博产品推出，发展至今拥有较大用户量的主要有新浪微博、腾讯微博、搜狐微博以及网易微博。

至今，微博已经成为国内网民使用的主流互联网应用，其所拥有的庞大的用户规模也进一步巩固了微博的网络舆论传播中心地位。作为自媒体在当代的杰出代表，微博正在解构着传统的新闻传播方式，也在重塑着新闻的生产和传播机制。无论是普通网民，还是意见领袖，甚至是传统媒体，其发现新闻、获取新闻、传播新闻、评论新闻的途径，都在不同程度地向微博这一平台转移。

微博也凭借着其得天独厚的优势，日渐深入人们生活的方方面面，甚至对政府的决策产生积极的影响。微博直播、微博维权、微博打假、微博打拐、微博辟谣、微博公益这些词汇也越来越被人们熟知。微博对社会的影响已经逐渐从追赶时尚的冲浪者扩展到社会各个领域的方方面面，甚至微博问政也逐渐成为中国百姓的一种间接参政议政的方式。一系列微博维权行动也让人们看到了微博的力量、围观的力量。此外，2011 年 7·23 甬温线特别重大铁路交通事故，第一条事故信息是由车上的亲历者通过微博发出的，为救援工作提供了第一手资料，也为传统媒体接下来的报道提供了宝贵的信息。

（二）自媒体新闻传播的主要特征

1. 信息碎片化

自媒体新闻传播兼具媒体的传播功能、用户的个人自我展示功能、IM（即时通信）的及时交流与沟通功能，故传播信息的碎片化是在所难免的。

自媒体新闻信息碎片化的原因有两方面：一是受信息生产者自身的局限，个人的知识储备、视野、写作水平千差万别，生产出来的信息也各有偏重；二是受篇幅的影响，虽然博客不受字数限制，但由于快节奏的生活，受众未必有耐心读完全部博文，造成信息扩散效果不佳，而微博写作有字数限制，这在降低写作难度、降低阅读成本的同时，也造成了信息碎片化。

2. 时效性强

自媒体新闻传播的时效性一直是其引以为傲的。近年来，随着移动终端的普及和移动互联网的兴起，新闻事件从发生到传播的时间越来越短，甚至微博直播也变为可能。自媒体省去了传统媒体层层把关的审核。移动终端和移动互联网的普及更使自媒体新闻传播的时效性甚至达到零时差的程度，用户只要在事发现场，只要拥有一部可以联网和拍照的手机，就可以利用自媒体平台图文并茂地将正在发生的事件传播出去。

3. 裂变式传播方式

自媒体的网状结构、多对多的传播模式使自媒体上信息的传播犹如核裂变般迅速且瞬息万变。自媒体彻底颠覆了传统媒体信息传播的线性模式，多中心的网状结构使信息传播一旦发生就全网铺开。

4. 信息个性化

自媒体信息个性化一方面指其信息生产的个性化。用户在自媒体平台畅所欲言，所发布的内容涉及方方面面，客观的或主观的信息、观点不断出现，又不断交锋，在发布、回复的一来一往中形成个性化的内容。另一方面指自媒体信息定制的个性化。几乎所有的自媒体应用都有类似关注、收听之类的功能，用户可以根据自己的喜好打造自己的个性化专属兴趣圈，在信息的海洋中捞取自己感兴趣的东西并给予持续的关注。

5. 内容立体化

自媒体传播内容的立体化是指其继承了网络媒体的立体化特性，可以运用文字、图片、音频、视频、动画等多种形式进行立体化传播，多角度、多侧面地刺激用户的感官体验。而在这一方面，传统媒体的单一化传播和自媒体相比是处于劣势的，报纸的文字、图片传播，广播的音频传播，电视的视频传播都不能像自媒体一样，带给用户全方位的传播体验，集文字、图片、音频、视频等传播形式于一身的自媒体打破了各种媒体之间的壁垒，成为一种集成化的媒体形式，向受众提供全方位的媒体体验，内容的立体化所带来的强烈的现场感、冲击力和传播速度使自媒体受到追捧。

二、新闻传播各构成要素在自媒体传播中的变化

随着智能手机、平板电脑等移动智能终端的普及，互联网企业的集体发力，以及无线网络的快速发展，近年来，我国移动互联网业务发展势头良好。交流共同类和信息获取类手机应用依然是主流应用，发展迅速，用户规模和使用率均有较大幅度增长。

在各大热门 App（应用程序）中，带有自媒体性质的移动终端应用下载率都很高，这些应用软件结合了即时通信和移动社交的特点，而且能够支持文字、图片、音频、视频等的交互功能，甚至还能实现地理位置定位、扫描二维码等功能，使用户的信息沟通和发布形式更为多元、更加有趣，用户黏性不断提高。

美国学者 H. 拉斯韦尔所提出的 5W 模式，清晰地梳理了信息传播的过程。5W 即 who（谁）、says what（说了什么）、in which channel（通过什么渠道）、to whom（向谁说）以及 with what effect（有什么效果）。其对应的新闻传播的各要素即传播者、讯息、媒介、受传者以及效果。这一理论已经被验证，而随着时代的进步和技术的发展，尤其是 Web 2.0 技术带来的自媒体的普及，信息传播的过程发生了一些改变，新闻传播各构成要素在传统媒体和自媒体中也存在着较大的区别。

（一）传播者

在传统媒体的新闻传播过程中，传播者主要是广大的新闻媒体从业者，他们活跃在各个事件发生的现场，对当事人进行采访，以获得第一手资料，之后写稿、制作出新闻并交由编辑层层审核，最后新闻报道见诸报端或者在广播电视节目中出现。

而随着 Web 2.0 技术的普及以及自媒体的出现，人人都有可能成为新闻记者，这使 5W 要素中受影响最大的首先是传播者。自媒体用户可以随时随地发布自己的所见所闻所想，原来集中掌握在传统媒体手中的传播权利变得分散，传统的一对多的单向传播模式发展成多对多的网状互动传播模式，自媒体视域下的新闻传播引爆了“信源革命”，自媒体平台俨然成为新闻信息传播的主战场、新闻的始发源，在虚拟的网络空间中承载着人们关注的焦点、讨论的话题。自媒体因其在新闻信息传播中体现出的个人性、公开性以及传播者的多样性，对传播者的传统定义产生了冲击和颠覆。各类自媒体应用软件越发普及，使传播者大众化，传播者群体不断壮大，甚至使每一个能够连接到网络的终端的使用者都有可能成为传播者。在某种程度上，这意味着传统的媒体组织向普通大众传播信息的传播模式逐渐演变成大众向大众传播信息的模式，甚至传统媒体的专业记者也借助各个自媒体平台获取新闻线索、发布新闻信息。

（二）讯息

传统新闻传播过程中，由于版面和时间的限制，并不是所有的讯息都能够作为新闻报道出来，新闻传播存在着一个辨别、甄选和编辑的过程，个人所认识的环境和客观存在的环境被分割开来，出现了一个中间地带，即传统的大众媒体打造的拟态环境。

20 世纪 20 年代，美国著名新闻工作者李普曼在他的《自由与新闻》《舆论》等著作中提出了现代人"与客观信息隔绝"的问题，他认为现代社会越来越巨大化，也越来越复杂化，但是由于人们的实际活动范围、精力和注意力都是有限的，不可能对和他们有关的整个客观环境和众多的事物都保持直接接触，对于超出人们亲身感知范围的事物，人们只能借助各种新闻去了解。而生产各种新闻的大众媒体在人们的认知环境和客观环境中间打造了一种拟态环境。拟态环境就是我们所说的信息环境，并不是对现实环境的镜子式的再现，而是传播媒体对象征性事件或信息进行选择、加工、重新结构化以后向人们展示的环境。而传统的新闻媒体所传播的讯息正是拟态环境的主要组成部分。在李普曼看来，传统新闻传播所形成的信息环境即拟态环境，会制约人们对环境的认知和依靠这种认知所做出的行为，而且通过制约人们的认知和行为来对客观存在的现实环境产生影响。

而随着自媒体时代的到来，传统媒体新闻传播的信息垄断地位遇到了很大的挑战。自媒体平台的信息交互设置都是开放的，用户只要登录任何一个自媒体平台，如微博平台，就可以看到在该平台上发布的全部信息。用户可以接收到自己的社交关系网络内传播的信息，用户与用户之间通过关注与被关注的社交关系获得信息，并通过分享、转发、评论等方式，对信息进行二次传播。另外，自媒体平台上还有信息广场，当某条信息得到一定数量的转发、评论后，该信息就会升级成热门话题，出现在信息广场的热门信息排行榜，自媒体平台通过这种方式，构建更加靠近真实生存环境的信息环境。

（三）媒介

传统的新闻传播主要凭借新闻传播媒介进行议程设置。媒介作为议程设置功能的发起者和执行者，在新闻传播过程中起到了至关重要的作用。

议程设置功能假说最早是由美国传播学家 M.E. 麦库姆斯和 D.L. 肖在 1972 年提出的，该假说认为，大众传播具有一种为公众设置"议事日程"的功能，传媒的新闻报道和信息传达活动以赋予各种议题不同程度的显著性的方式，影响着人们对周围世界的大事及其重要性的判断。该理论揭示了这样一种媒介观：传播媒介对任何事物的报道并不是完全还原事物本质的镜子式的反映，而是有一定取舍和排列的选择性活动。各个传播媒介都有自己的价值观和报道的方针政策，依靠这些价值观和政策，从现实环境中甄别出重要的事件或事件中重要的部分进行加工整理，并赋予这些事件一定的结构性和重要性，然后以报道事实的方式将其传播给受众。

但是议程设置功能在自媒体环境下发生了很大的变化。自媒体用户将自己的评论、转发、分享的权利用在他们真正感兴趣、想了解的事件上，用自己的方式进行环境再构造，定义什么才是他们眼中真正重要和有意义的东西。自媒体上的每个个体都是信息的发布者，不仅能够决定新闻议程，将本来被淹没在海量信息中的碎片化资讯放到相对显眼的位置上，还可以对这些信息进行重要性排序，用鼠标投票选择议题。如今各个自媒体网站都有一项重要功能，就是根据关键字出现的频率，统计、选取并且排列正在被热议的话题，比如，国外的推特有 Top10 热议话题抓取和排序，国内的新浪微博有热门话题排行榜，等等。这些自媒体平台通过关键词出现的频率，从后台抓取热门关键词和热门话题进行集中呈现。这些话题并非传统媒介所设置的议题中心，大众对发生在自己身边的事件进行审视、认识、思考和判断，越多人参与话题讨论，所讨论的话题就越可能跻身热门话题排行榜，引起更多人的更广泛的关注。

在自媒体环境下，所有的信息发布、转发、评论和分享都是用户自身的行为，受资本和政治因素的影响微乎其微，这为自媒体新闻传播提供了更大的自由空间和发挥的余地，发生在自媒体用户身边的事件被用户重现在自媒体平台上，自媒体新闻传播具有广阔的天地。

（四）受传者

在传统新闻传播过程中，传播者和受传者是两个截然不同的群体，传播者作为信息的生产者、发出者和传播者，一直以来都是被关注、被重视的对象，长期以来传统媒体的传播者承担着“把关人”的角色，相应地，读者、听众、观众等传统媒体的受传者往往只是被动接受新闻信息，通过媒体构筑的拟态环境去了解自己所生存的客观环境。受传者在接收到信息之后，能够反馈的只是少数，受传者之间的互动基本不能实现。而到了自媒体时代，受传者被动接收的现状被改变了，Web 2.0 技术支持下的自媒体作为一种交互式的媒体，改变了传统新闻传播点对面的单向传播模式，实现了媒体与受众之间、受众与受众之间点对点、点对面的横向与纵向交织的、多元化的、多向度的互动交流。任何一个网友作为自媒体的用户，都能在任何地方和时间在网上发布自己的意见，随时随地成为“新闻记者”，将采集到的第一手信息通过自媒体发布到网络上。可以说，自媒体的普及使传播者和受传者结合为一体，受传者同时是传播者，一次分享、转发就可以将信息进行一次传播，每一个受传者的分享、转发聚合成网民的力量。受传者之间也进行着频繁的互动，回复与被回复，一来一回，受传者亦成为新闻的进一步制造者，在网民讨论中形成不同的舆论中心，有些事实被层层挖出，有些谣言被矫正，自媒体的受传者早已不再是被动接收的受众，而是主动参与再传播的二次乃至多次传播者。受传者从过去被动地接收信息转变为如今主动反馈信息、传播信息。在网民的关注和传播下，人们从只了解新闻事件的一些细枝末节转为了解新闻事件的来龙去脉，信息在广大受传者一次次的再传播中逐步完善。

然而自媒体用户作为信息的发布者及接收者，没有接受过新闻操作的基本训练，当他们接收到某条信息时，通常未经核实就信以为真并进行转发、分享，这也容易让自媒体成为谣言的集散地。但是，自媒体数量众多、用户海量且异常活跃，在众人的围观之下，自媒体新闻传播具有了一种内在的修正机制，总会有人提出不同观点，总会有人发出质疑的声音，全民围观使谣言不攻自破。

（五）效果

信息传播获得怎样的效果，主要通过受众的反馈来了解。传统媒体有自己的收集用户反馈的方式，如读者、观众可以来电、来信。而在自媒体上，反馈这个环节异常活跃，并且即时生效，互动和反馈组成了一个循环的自媒体新闻生态系统，有时用户的信息反馈甚至能够改变事件的走向。

第二节　自媒体新闻传播对传统新闻传播的解构

本节所说的解构主要是指解构主义。解构主义于20世纪60年代起源于法国，其代表人物是法国哲学家雅克•德里达。解构主义注重对形而上学的批判，反对逻各斯中心主义，一切封闭的体系都是解构主义反对的目标。简言之，解构主义注重打破现有的单元化秩序，先破后立，即打破原有的不合理的秩序，再创造更为合理的秩序，用先分解再重构的观念，强调打破、叠加与重组，重视个人、个体的力量，关注个体本身。解构主义理论在20世纪的西方批评史上有着独特的贡献，消除了当时占统治地位的逻各斯中心论，主张打破等级森严的二元对立，并认为概念之间是没有等级和中心的，仅存在不同。

一、传播者——从专业新闻机构到任何个人

从专业记者到全民记者、全民围观的转变，可谓自媒体新闻传播对传统新闻传播进行解构的最直接的体现，这一转变打破了传统新闻传播传者和受者的二元对立，削弱了传统媒体的传播特权，使传播得到分解与重新定位，去中心化的解构使传播权从专业的新闻机

构和新闻记者那里转移到普通大众手中。

以往，人们获取信息的信息源十分有限，这些信息源大多掌握在少数的总编、专栏作家、经理人、记者、主持人等的手中，并由此诞生了“媒体精英”这一概念。而当今社会，自媒体已呈现出蓬勃发展之势，以往的“媒体精英”所掌握的话语权越来越少，社会公众逐渐参与社会信息与新闻的生产与传播。人人都掌握着一定的信息，已成为社会新闻传播的现状，在自媒体的影响下，“信源革命”发生，每个掌握一定信息的人都可以成为“记者”，发布信息。

二、讯息——从“过滤—发布”到“发布—过滤”

新闻传统讯息的生产方式是先过滤再发布，而自媒体的信息传播方式是先发布再过滤。

传统的新闻传播需要对新闻进行层层把关、多次审核，记者要先过滤、把关每天的新闻信息，将初步制作完成的新闻传递给编辑，编辑过滤一遍，再传递给主编，主编再进行筛选过滤。最初的新闻经过这一系列的加工后，才能呈现在受众眼前，这样的新闻是精挑细选的结果。而自媒体产生后，新闻筛选不再如此精细，每个人都有机会从众多新闻信息中选择想要发布的内容，扮演记者、评论员、专栏作家、广播人等角色，向公众分享、播报新闻信息，或者转发和评论新闻，参与相关投票活动，评选出大众关注度最高的内容。自媒体的产生大大丰富了新闻的来源和内容，为社会公众提供了更为广阔的视角，公众可以自行对繁杂的新闻信息进行过滤，了解多个层面的新闻信息，得出多元化观点。

三、传播路径——从单一线性到网状扩散

传统的新闻传播模式是由传播者、讯息、媒介、受传者以及效果等要素构成的单一的线性模式，传播者将讯息编码，通过媒介送达受传者，受传者解读信息，并且进行相应的反馈。但是，反馈耗时耗力且通道狭窄，受众通过信件、电话、短信等方式进行反馈，都有一定的滞后性，造成传统新闻传播的互动远不及自媒体新闻传播那么即时、有效。

自媒体充分利用人际关系资源传播信息。人际关系网可以不断拓展。根据六度分割理论，任何两个陌生人之间的间隔都不会超过六个人。自媒体充分发挥人际关系网的力量，创造的人际关系网将会无限扩大，甚至可以将所有自媒体用户涵盖。在自媒体庞大的人际关系网中，互动可即时实现，人们可以随时随地生产和发布新闻，舆论可迅速集聚，形成热点新闻。

例如，2011 年春节期间，在微博上出现了一件引起大家广泛关注的公共事件——

"微博打拐"。"微博打拐"起始于微博平台，最终将网友和相关部门的力量结合起来，在大家的积极反馈下，社会上迅速刮起了一阵舆论风暴。

"微博打拐"最初是由中国社会科学院的于建嵘教授发布的一条主题为"随手拍照解救乞讨儿童"的微博引起的，该微博一经发布，片刻间便引起一片轰动，成千上万的网友参与评论、转发，瞬时形成一股十分强大的舆论力量，并引起了政府相关部门的注意，对该事件做出了进一步的跟踪调查，随后陆续传出被拐儿童获得解救的好消息。这场"微博打拐"舆论活动发起于民，传之于民，加上自媒体的不断推动，没人能够找出此次事件背后有组织运作的痕迹，但在人们积极不断的信息传播和反馈中，这件事情最终得以解决，这正是自媒体传播信息的显著优势。

四、议程设置——从引导到聚合

传统新闻传播通过议程设置对受众将要接触到的新闻信息进行重要性排序，从而达到引导舆论的目的。受众每天接触到的信息其实都是经过认真挑选、精心编排的内容，传统媒体通过构建拟态环境来构筑用户的信息环境，通过议程设置来定义新闻的重要性。传统媒体的这一权威被自媒体打破，自媒体的议程设置功能不同于传统媒体，自媒体用户利用电脑、鼠标等工具，通过评论、转发、分享等方式，将热门的新闻、话题聚合起来，形成强大的舆论影响力。

第三节 自媒体新闻传播对传统新闻传播的重塑

2011 年 3 月 11 日，日本发生 9.0 级大地震，引发海啸，随后又引发二次事故，造成福岛核电站核泄漏。该事件发生后，一场愈演愈烈的"盐危机"在我国传播开来，"谣盐"在短短几天之内几乎席卷了全国，全民疯抢食盐。在这场"谣盐"闹剧中，自媒体作为谣言的发源地、传播平台以及最后的修正平台，与传统媒体协作，在最短时间内制止了谣言的进一步传播，迅速平息了事态，自媒体与传统媒体实现了互补。

一、信息冗杂与去粗取精

（一）第一轮传播：自媒体新闻发布、过滤，自媒体舆论形成

随着自媒体的普及，越来越多的新闻信息是从自媒体平台上首先发声的。在 2011 年

的这次“谣盐”事件中，最先提起“食盐可以防辐射”的是腾讯微博2011年3月13日晚间的一条博文；紧随其后，新浪微博于3月14日凌晨出现一条相关微博。这些微博被其他用户疯狂转发、复制，短时间内在自媒体平台上迅速发酵，大肆散布，“谣盐”一发不可收拾，自媒体平台上大家纷纷@自己的好友，促进了谣言的落地，人们纷纷加入抢购食盐的行动中。

在这一阶段，自媒体平台上的舆论主要集中在抢购食盐上，用户已经敏锐地察觉到这一话题的热度，纷纷进行关注，自媒体舆论形成。

（二）第二轮传播：传统媒体进一步跟进，进行舆论引导

面对抢盐风潮，报纸、广播、电视等传统媒体纷纷开始跟进辟谣，分别从我国食盐储备充足、海盐只占我过食盐总量的一小部分、食用碘盐并不能减轻或防止辐射危害等多个角度进行解读，引导舆论。同时，公安机关迅速出动，将恶意散布谣言以达到哄抬物价、投机取巧目的的嫌疑人抓获。

（三）双方合力，促成新闻事件的广泛传播或合理解决

随着“谣盐”事件的发展，自媒体平台上的舆论出现了逆转。2011年3月17日下午，中国盐业总公司分别在新浪微博、腾讯微博开通了官方认证微博，并发布微博：“关于部分地区食盐抢购现象声明：中国完全有能力保障食盐供应。各地食盐供应出现紧张，是由于短时间内大量抢购所致，事实上中国的食盐储备非常充足。目前，发生抢购的地区盐业公司都已经启动应急预案，启动国家和省级储备，实行24小时紧急配送，希望消费者不要信谣传谣，不要盲目囤盐抢盐。”官方微博开通后，短时间内粉丝数量迅速增长，使辟谣信息一经发出，就快速传播，几乎可以消除之前谣言传播造成的误解。而且由于官方微博的权威性，辟谣微博获得了受众的接受与再传播，加上自媒体平台良好的互动性和即时性，谣言很快被清除。

与此同时，传统媒体大力宣传，报纸、广播、电视新闻都在不遗余力地报道信息，消除市民恐慌不安的情绪，及时公布惩办谣言散布者、投机倒把者的信息，向人们传递正面信息。

在这次“谣盐”事件中，还有一股力量不容小觑，就是科学松鼠会、果壳网等民间科普网站，这些网站由一批爱好科学、在各自学术领域小有建树的知识分子组建，专门用有趣的方式传播科学知识。在“盐危机”期间，果壳网专门开辟“谣言粉碎机”栏目，用通俗易懂的方式向大家解释“为什么食盐不能够防辐射”等一系列相关知识。其提供的专业知识经常被辟谣的官方账号引用，为辟谣提供了专业的智力支持。

二、真假难辨与去伪存真

（一）传统媒体对自媒体发布新闻的修正

在此次“谣盐”事件中，传统媒体面对谣言在自媒体平台上的传播，通过报纸、广播以及电视等渠道，多方位多角度地进行辟谣，发出了具有权威性和高可信度的声音，使自媒体平台把关人功能弱化所带来的谣言传播的危害性降到最低。

自媒体新闻信息的发布者大多不是专业记者，其媒介素养参差不齐，缺乏专业的知识与一定的职业操守，这就使得自媒体平台把关人功能弱化，在这样的情况下，传统媒体可以利用自身的专业性和良好的组织性，帮助自媒体进行把关。面对冗杂多变的自媒体网络信息，尤其是谣言，传统媒体需要有针对性地进行调查、证实，并公开信息，提高官方信息的透明度与信息发布的及时性，以正视听。只有在信息不透明的情况下，公众才会相信谣言，自媒体平台应当设置网络舆情监测系统，一旦发现有谣言传播的现象，就可以与传统媒体互动，线上、线下合作，将谣言传播的危害性降到最低。

（二）自媒体的自我修正机制

自媒体依靠其独特的先天优势，成为即时互动信息的集散地，也是谣言易于产生和传播的地方。在自媒体平台上，用户发布或转发、分享的信息没有人审核真伪，为了追求速度，用户一般都是发现信息第一时间上传，这使自媒体平台上的新闻信息的真实性和客观性得不到保障。

但是全民围观下的自媒体也有自我修正机制。自媒体平台用户数量众多，全民围观使它自身能够形成一种内在的修正机制，谣言也能不攻自破。这是一种独特的追求真相的过程与机制。

三、把关缺失与意见领袖

（一）自媒体成为观点的自由市场，把关人功能弱化

自媒体为用户提供了一个可以畅所欲言的平台，成为观点的自由市场，各种意见、观点、信息在这一平台上交流、碰撞。而传统媒体的运作过程受到多方监控，从众多的新闻来源中做出选择，之后进行编码输出，都是在严格把关下进行的。

自媒体平台传播信息的速度非常快，自媒体用户均为非专业记者，未接受过正规的培训，其职业素养和媒介素养参差不齐。同时，自媒体的传播理念是“我即媒体”，全民参与全民围观下的多角度信息发布存在极大的自由性和随机性，其内容几乎不会受到什么限制。而面对这些问题，自媒体把关都是事后进行的，比如删帖、封号等都是在自媒体信息传播出现问题之后才采取的应对措施，所以自媒体在把关方面显得手段单一且乏力，把关人功能弱化。

（二）从把关人到意见领袖

在自媒体平台上，把关人的角色功能弱化，但是原来的把关人角色转化为引导式的意见领袖，面对势如洪水、成千上万的自媒体信息，变“堵”为“疏”不失为更有效的做法。目前，微博上的很多官方微博账号正是用自媒体的方式，在自媒体平台进行着舆论监督与引导。话题讨论也是一种引导自媒体舆论的方式，话题发起人设置话题并发布微博，参与者可以参与话题讨论，旁观者用相关关键词进行话题搜索，就可以找到同样的话题，舆论以这样的方式进行聚合。

自媒体平台上的意见领袖，包括名人、专家、学者以及特定领域内的意见领袖，他们往往起着舆论引导的作用，在自媒体平台上发挥着强大的作用。

随着自媒体在人们日常生活中日渐常态化，自媒体已和其使用者的生活息息相关，自媒体新闻传播通过每一个用户，完成了对传统新闻传播模式的重塑，自媒体用户不再仅仅通过传统媒体了解新闻事件，因为打开微博就会有热门话题排行告诉他们此时此刻网友们最关心的、点击量最高的新闻是什么，自媒体用户用自己发布、转发、分享信息的方式，完成了网络舆论的聚集以及自媒体新闻传播对传统新闻传播的重塑过程。

自媒体作为一种新兴的传媒科技的体现，是作为一种技术力量植入社会结构中的。如今，科技与社会、科技与人的互动日渐频繁。自媒体新闻传播正是人利用科技发挥自己能动性的生动例证。在科技与人的互动中，人们借助自媒体的技术优势，使传统媒体和自媒体良性互动、融合、互补，解构原有的新闻传播模式，重塑更符合人们需求的、更有益于社会发展的新闻传播模式，这一变化正在实实在在地发生着，它所带来的积极作用是值得期待的。

第六章　融媒时代新闻传播舆论引导与法制建设

第一节　融媒时代新闻传播舆论调控与监督

舆论是“在特定的时间空间里，公众对于特定的社会公共事务公开表达的基本一致的意见或态度”①。也就是说，舆论是社会的公意。在现代社会，舆论传播须臾不可离开。社会越趋向现代化，舆论的作用就越重要，就越需要加强舆论调控，以便舆论更好地发挥作用。而新闻传播作为一种舆论调控手段，是人们对社会控制的认识和研究逐步加深、逐步拓展的结果。

一、新闻传播舆论调控

（一）、新闻传播舆论调控的前提

新闻传播对舆论的调控主要基于两个前提，即社会舆论具有可控性以及新闻传播具有能控性。

1. 社会舆论的可控性

当某个问题或事件形成了一定的社会舆论后，社会舆论会随着该问题或事件的变化而变化。媒体抓住了社会舆论这一可变性特点，利用新闻传播影响和改变已有舆论环境。媒体对舆论进行正面的引导，能使舆论主体形成正确的价值观，以端正的态度面对和评说舆论客体，创造舆论压力，推动问题或事件向一定的方向发展，加强或者减弱当前社会舆论的状态，此即社会舆论的可控性。

---

① 林凌，濮端华，张帆. 新闻学概论 [M]. 北京：化学工业出版社，2011：161.

2. 新闻传播的能控性

所谓新闻传播的能控性，是指新闻传播具有放大、扩散或削弱、淡化社会舆论的强大威力。在新闻传播的作用下，公众对某一社会事态的注意力往往更容易集中或更容易分散，进而使分散的舆论向热点问题靠拢，以形成颇有声势的舆论强态，或使较为集中的舆论逐步平息，以恢复稳定的舆论常态。

（二）新闻传播舆论调控的重要性

新闻传播舆论调控的重要性具体是通过以下几个方面表现出来的。

1. 发出舆论先声，推动社会变革

新闻传播是社会变革的先导，是推动社会前进的巨大精神力量。同时，新闻传播是适应社会变革的需要产生的，是社会变革在观念上的反映。它通过揭露旧制度、旧体制的弊端，指明社会发展的方向和道路，从而为新制度、新体制的诞生鸣锣开道。

具体来说，新闻在传播过程中，会形成强大的舆论洪流，为社会变革奠定重要的思想理论基础和充分的舆论准备，从而推动社会变革的顺利进行。

2. 消解舆论震荡，维护社会稳定

社会秩序指组成社会整体的各个部分按照一定的结构、顺序互相平衡，达到的协调稳定的运行状态。当社会按照一定的秩序运行起来时，各组成部分之间就会产生可期待性的交往，维持社会平稳运行。但出于各方面原因，总有人违背既定的规范制度，做出各种越轨的事情，引发社会冲突，形成社会矛盾，影响社会秩序。如今，我国正处于转型的关键时期，一些流传数千年的风俗习惯、价值观念、传统思想等早已与当今社会的发展脱节。很多陈旧传统的社会体制甚至与现代的社会实际相互矛盾，各种社会矛盾在交织与磁撞间重新调整和分配了各个群体的利益，社会成员对改革的期望值此消彼长，不断挑战着某些现行的规章制度的权威性。生活于社会中的人们会同时面对两个或多个相互矛盾的社会规范，形成舆论的震荡，进而促使更多社会群体和个人产生偏离规范的行为。在这种情况下，适当的利用新闻传播就能够对舆论产生调控作用，消除其引发的震荡，保持社会的平稳运行。

这是因为新闻信息夹带着特定的行为准则和社会价值规范，引导着受到社会舆论影响而不知所措的组织及个人，引导其正确看待和评价舆论。当新闻传播引导一定舆论形成后，言行不一或者有越轨行为的组织或个人将会感受到巨大的压力，被迫放弃或者改变原本的言行，与社会整体做法保持基本一致。由此，社会的稳定则多了一层保障。

3. 整合舆论环境，促进社会发展

社会存在并正常发展的前提就是稳定的秩序。稳定的社会秩序可促进社会的发展，但这并不意味着秩序稳定就一定能保证社会获得发展。稳定具有多种形态，有的充满活力与生机，有的死气沉沉，而前者才是社会发展所需要的。新闻传播可以调控舆论，进而维护社会稳定，促进社会发展，还可以改变舆论环境，创造出一个有集中又有民主，有纪律又有自由，有统一意志又有个人舒畅安心的社会局面。利用新闻传播调控舆论时，应尽可能地激发人民群众积极投身振兴民族事业、建设富强国家的热情。基于此，国家必将不断进步和发展。

（三）新闻传播舆论调控的过程

科学认识新闻传播舆论调控的过程，有助于在实践中把握规律，增强舆论调控的主动性和有效性。具体而言，新闻传播舆论调控主要包括以下几个环节。

1. 选择、采集最新的社会舆论

新闻传播在对舆论进行调控时，首要的一步是选择、采集最新事件、社会现象和社会问题所催生的社会舆论。

一般情况下，当某个新的社会问题、事件，抑或新的社会现象产生后，公众会迅速将其与自身的知识结构、固有成见相结合，产生信息“化合作用”。这种“化合作用”会源源不断地产生能量加速信息的扩张，同时会转化为动力，推动公众产生发表看法、意见以及见解的即时需要，引发各种情感和情绪，进而导致社会舆论形成。

需要注意的是，并非每个社会问题、事件、现象都能发酵形成社会舆论，并持续发展下去，新闻传播也不会选择、采集所有的社会舆论。某一个社会问题、事件、现象只有对社会有较强的刺激性，能够引发足够强大的社会舆论，才可能会被新闻传播主体选择和采集。通常会产生较强刺激并能引发足够强大的社会舆论的社会问题、事件、现象大多满足以下两方面条件：一是涉及大部分公众的利益；二是对群众来说具有较强的新异性。

2. 新闻传播对社会舆论进行整合与扩张

在选择好特定的社会问题、事件、现象之后，新闻传播主体就需要对其中蕴含的社会舆论进行有效整合。一般而言，新闻传播对社会舆论的整合主要包含以下两个阶段。

1）认同沟通

所谓认同沟通，就是新闻传播在确立了社会舆论整合议程（也就是能够对社会舆论产生吸附作用，使之凝聚为某一具体舆论主体的问题、事件、现象）之后，必然要通过对这一议程的报道（包含叙述、解释和评价），将媒体的主导意见暗示给公众，并在此过程中劝服社会舆论向它靠拢，最终形成决定社会舆论方向的新闻舆论。

2）调整反馈

在认同沟通环节中，媒体的主导意见不一定被全体公众认同，可能会有背离主导意见的分化力量产生。对此，社会舆论会自行调整，并向新闻媒体反馈相关信息，从而向新闻媒体提出加强整合社会舆论的提示，促使主导意见发挥更大的作用。社会舆论被整合后会产生相应的新闻舆论。这一个过程即为调整反馈。新闻舆论在新闻媒体的支持下继续扩张，进而对社会舆论产生重要影响，使公众头脑中形成一种“自然”的认知，引导社会舆论向着新闻传播调控的方向发展。

3. 社会舆论趋同与稳定

新闻舆论形成之后，分散的社会舆论将在它的暗示和劝服之下逐步趋同。而随着新闻舆论与尚未趋同的社会舆论之间达到一定的比例，社会舆论便逐渐趋于稳定，出现所谓的舆论稳态。

需要特别指出的是，尽管新闻媒体对社会舆论的整合与扩张不可能使社会舆论完全达到“一律”，而总是或多或少地存在着“不同声音”（事实上的“舆论一律”是不存在的），但这并不会影响舆论稳态的形成。舆论稳态的形成对于社会的稳定与发展的意义是不言而喻的，这也正是新闻传播对舆论实施调控的最终归宿点。

二、融媒时代新闻传播舆论监督

舆论监督是新闻媒体的一项重要职能，也是现代社会权力制衡机制的一种重要形式。同时，舆论监督作为我国监督体系的重要组成部分，体现着人民当家作主，是人民群众行使监督权利的重要途径，也是党和人民赋予新闻媒体的一项重要功能。在当前，随着信息时代的到来及其对秩序化社会的呼唤，新闻传播舆论监督因其特有的影响力和规范力而日益受到人们的关注。

（一）新闻传播舆论监督的内涵

从本质上看，舆论就是公众的意见，人民群众是舆论监督的主体。公众借助大众媒体将自身的情绪、愿望、利益诉求、意志表达出来，表达自己对社会生活、职能部门以及公务人员的意见和评价，舆论就此形成。舆论监督本意指人民群众可以自由地表达对各种权力组织、社会公众人物以及各机构单位工作人员的看法，从而对议论客体的行为产生一种客观的制约作用。这种监督可以对议论客体形成一种无形的、强大的精神制约，这种精神制约可以由正面的赞扬产生，也可以由批评产生。

新闻传播舆论监督指借助新闻媒体的力量，制约和批评行使公众权力时发生的偏差和其他不良行为、现象等，使其在舆论的有效监督下得到修正。新闻传播舆论监督本质上是一种形式比较特殊的舆论监督，新闻传播可以促使很多种权力制约机制发挥制约作用，在众多的权力制约机制中，新闻传播舆论监督是最符合民意的社会制约力量。

（二）新闻传播舆论监督的构成要素

1. 新闻传播舆论监督的主体

主体应该是能够享有权利和承担义务与责任的自然人和法人。从法律角度看，人民大众是一个抽象的群体概念，它不仅不能承担义务与责任，而且不通过传播者也难以有效行使自己的监督权利。按照传播学的原理，大众传播的传播者是新闻媒体，舆论监督只有通过新闻媒体才能实现，所以新闻媒体是新闻传播舆论监督的真正价值主体。

2. 新闻传播舆论监督的客体

新闻传播舆论监督主要通过新闻媒体对客观事件的批评报道形成影响和制约作用，能够将错误、丑恶、虚假的行为曝光在人民大众眼前。除此之外，新闻传播舆论监督还可以公开报道各种社会现象、社会政治问题，吸引大众讨论评价，尤其在报道一些社会焦点问题、热点事件时，新闻媒体引导调控着舆论风向，把握着舆论发展，从而对报道内容中的公众权力、利益参与者等的行为进行监督和制约。因此，可以看出新闻传播舆论监督将公众人物、国家机关、政府工作人员以及与人民公共利益相关的人和事物作为客体实施监督，制约其产生妨碍、损害、背离现行社会制度的行为，维护受法律保护的社会关系不被破坏，打击社会上的一切丑、假、恶。

社会思潮对于新闻传播舆论监督来说，是一种比较特殊的客体。社会思潮不仅代表了某些阶层的要求与利益的思想倾向，还能反映出社会的意识形态和价值取向，社会思潮能够直接影响社会价值取向。新闻传播舆论监督应将社会作为重点监督对象，对社会负责。当社会进入转型时期时，社会思潮会变得不稳定，并表现出较为明显的反传统性和阶段性，并且易滋生阴暗腐朽的因素。此时，新闻传播舆论监督就应对这种社会思潮及时引导，严格监督，纠偏纠错。现阶段，新闻传播舆论监督的工作重点是将偏离社会发展方向的一切不良行为揭露出来并引导其改正，坚持社会主义方针，坚持集体主义价值导向，将潜藏在社会黑暗处的各种个人主义、资本主义以及封建迷信活动披露出来，以社会主义核心价值观对其施加引导和纠正，使其走上健康发展的道路。

（三）新闻传播舆论监督的实施

在组织开展新闻传播舆论监督时，要想切实取得良好的效果，必须正确处理若干矛盾、妥善理顺若干关系。

1. 正确处理若干矛盾

（1）客观性与主观性的矛盾。主体要通过批评个别来实现舆论监督的意图，就必须要受到个别事实的限制。没有意图的批评，往往会出现导向偏差；没有充分事实依据的批评，则往往会使新闻失实。

因此，新闻传播舆论监督主体在确立舆论监督价值取向时，必须最大限度地以事实为基础，用事实说话，发挥正确的舆论导向作用。

（2）主体性与代表性的矛盾。在实施新闻传播舆论监督过程中，新闻媒体是舆论监督的价值主体，具有主体性地位，而新闻媒体（主体）开展新闻传播舆论监督，又是以社会舆论机关的身份进行的。这种舆论监督并不仅仅是媒体作为一个社会主体进行的监督，而是代表着社会舆论、代表社会其他主体而进行的监督，这种监督在实施过程中，只能以媒体名义进行。这样一来，新闻媒体便会面临主体性与代表性的矛盾。

新闻媒体所面临的主体性与代表性的矛盾，又会导致新闻媒体在实施新闻传播舆论监督时具有一定的局限性。因为新闻媒体在舆论监督过程中是间接的“代表”，可能难以真正掌握实质主体的意图。同时，由于难以准确掌握客体的情况，又有可能造成舆论监督主体的局限性。因此，新闻媒体（舆论监督实施者）在舆论监督活动过程中，要正确处理好主体性与代表性的矛盾，尤其是在批评报道中要坚持以事实为依据，以法律为准绳，尽量减少自己主体性所带来的局限。

（3）必然性与偶然性的矛盾。新闻传播舆论监督的主体（新闻媒体）是通过批评个别达到批评一般的目的的，因而在开展舆论监督工作时一个重要的问题便是选择和确定个别。而新闻媒体在选择和确定个别时，很容易遇到必然性和偶然性的矛盾。

这一矛盾也常常是新闻媒体和被监督对象争论的焦点。被监督者往往抓住偶然性作为拒绝批评的理由，而新闻媒体则认为该批评具有必然性。这是新闻传播舆论监督问题中最常见的一类矛盾。在确立舆论价值取向时，新闻媒体应该客观公正地分析问题，准确定性，科学判断，选准有代表性的典型问题，最终确定舆论监督的价值取舍。

（4）个别性与一般性的矛盾。新闻传播舆论监督主要着眼于普遍存在的一般性现象，即普遍性的问题。但是，对这一普遍性问题进行舆论监督又需要通过监督和批评个别现象与问题的方式来实现。于是，新闻传播舆论监督过程中便产生了个别性与一般性的矛盾。

要有效解决这一问题，就需要在开展新闻传播舆论监督时做好价值取舍，正确处理好个别与一般的问题，辩证地看问题，辩证地解决好矛盾，把握好报道的分寸。

2. 妥善理顺若干关系

在实施新闻传播舆论监督时，新闻媒体要重点处理好领导与群众、人与事、党政部门与新闻单位、司法公正与舆论监督、主观判断与客观事实、法律依据与事实依据、新闻纪律与舆论监督、批评与改进以及职业道德等方面的关系。当前，最重要的和棘手的是如何妥善处理司法公正与舆论监督之间的关系。

法律界最为担心的是，舆论监督司法达到一定程度后，可能会影响正常的司法程序，还会导致公众不再信任司法的公平公正，导致法律的权威性受损。新闻界的一大特点就是能够对抗以司法为代表的主流政治制度。实际上，新闻界与司法两者的追求并不相同。前者希望社会公正，希望受众及自身都能够在道德意义上得到公正的对待，而司法争取的则是法律方面的公正。

在我国，新闻媒体和司法都是在党的领导下，以“为人民服务”为根本宗旨的，因此在原则上并不处于对立的态势中。但在具体的操作中，出现过新闻媒体对司法施加舆论压力，从而影响司法公正的现象，这就是所谓的“媒体审判”。具体来说，“媒体审判”就是新闻媒体凌驾于司法之上，干预和影响司法的现象。

从传播学角度看，“媒体审判”无疑是大众传播媒体运用议程设置功能的成功范例；从新闻学角度看，“媒体审判”则体现了新闻媒体对社会舆论所具有的不容置疑的引领和引导作用。然而，如果从法学视角审视“媒体审判”现象，则不得不承认，它是与我国的司法原则（如司法独立原则、无罪推定原则、法律面前人人平等原则等）相悖离的。这种背离使“媒体审判”陷入了实践的困境。

此外，“媒体审判”背离了《中国新闻工作者职业道德准则》的相关精神。中华全国新闻工作者协会2019年修订的《中国新闻工作者职业道德准则》（以下简称《准则》）第六条中规定：“维护司法尊严，依法做好案件报道，不干预依法进行的司法审判活动，在法庭判决前不做定性、定罪的报道和评论……”“媒体审判”与此规定相悖。它超越司法程序对司法过程和司法结果施加影响，对案件未来可能发生的结果进行判断、预测，由此极易造成对正常司法活动的冲击，形成对社会公众的不当引导，构成对独立审判原则的挑战。新闻媒体要避免“媒体审判”带来的危害，就必须正视司法活动的特点和《准则》的规定，坚持“与司法程序一致”的原则，客观真实地报道案件事实及结果。

第二节　融媒时代新闻传播的自由及其限制

纵观传播的发展历程，每一次传播技术发生变革和进步时，都会对人类文明的发展产生一定的推动作用。从人类发展史上看，无论是文字的出现，还是印刷术的诞生，都对人类文明的发展起到了推动作用。20世纪90年代，互联网等新媒体技术诞生了，这些技术颠覆了人类以往阅读和获取信息的方式，人类在传递信息时有了更加强大、便捷的载体，人类文明成果也以更快的速度和更大的规模被保留下来。互联网等新媒体技术的诞生为人类文明开启了新的时代，新媒体强势崛起后，极大地冲击了传统新闻传播产业的发展，发布新闻信息的权利被社会各组织或个人快速瓜分。在这个时代中，全民皆可参与信息发布。在新媒体的推动下，传媒行业快速发展。随着新媒体的出现，新闻传播的方式和规律发生了颠覆性的改变，人们的生产、生活方式也产生了极大的变化，手机、网络的出现使人类的生活节奏越来越快，人类社会的空间距离也因新媒体的出现产生了压缩性的变化，人类的社区结构因新媒体的加入而改变，全球一体化也因新媒体的催化加速了进程。如今，网络、新媒体已经渗透到人类社会的各个领域之中，人类文明的发展与新媒体紧密交织，不可分割。

一、新闻传播自由的内涵

新闻自由的概念源自英文“freedom of press”，在我国曾被译为“出版自由”“言论自由”“言论出版自由”和“报业自由”等，如今一般译作“新闻自由”。

国际新闻学会认为新闻自由就是“采访自由、传递自由、出版自由、批评自由”。李良荣认为，新闻自由包括以下几点：公民享有出版权，可以不用向政府申请营业执照或交付保证金而自由出版报刊；公民享有发布权，可以不受任何形式的事先审查发布任何新闻或发表任何意见；公民享有采访权，可以不受限制地接近新闻源，了解新闻事实。

笔者认为，新闻自由，简言之就是指包括新闻媒体从业者在内的社会公民在有关法律规定的范围内采集、写作、传播、出版新闻信息或作品的自由，是公民基本的自由和权利之一。首先，从人权角度看，新闻自由是公民的一项基本自由与权利，即一项基本人权；其次，从实现途径方面，新闻自由不得违反有关法律法规；最后，从具体内容规定上看，新闻自由是公民采集、写作、传播、出版新闻信息或作品的自由。

社会主义新闻自由与资本主义新闻自由有着本质上的区别，它是为无产阶级和最广大的人民群众的新闻自由权利服务的，是可以使多数人的自由得以实现的新闻自由。它是社会主义国家人民当家作主的体现。社会主义新闻自由的特征主要包括以下三点。

（1）社会主义新闻自由形成的基础是公有制，社会主义新闻自由为全体人民所共享。对于社会主义国家来说，媒体发出的可以是人民利益之声，也可以是党与政府的声音，新闻媒体的主导权应掌握在人民手中。无产阶级能够正面其本身的阶级性，能借助社会主义的力量打击敌对势力对社会主义建设的危害行为，保障绝大部分人的新闻自由。

（2）社会主义新闻自由是摆脱了“资本的奴役”的自由，这也是社会主义公有制的体现。它杜绝了资本主义私人资本控制媒体，谋求个人的经济效益而不顾社会效益的现象。社会主义新闻自由是将媒体归为国家和全社会所有，强调社会效益要高于经济效益，不允许将媒体变成个人赢利的手段，更不允许个人独揽大权。新闻自由必须牢牢掌控在人民自己的手上，成为一种人民能真正共享的民主权利。

（3）社会主义新闻自由应该是在正确的政治方向下有领导的自由，不是无政府的自由，更不是被资产阶级鼓吹的绝对的、完全的自由。自由应该是相对的，而不是绝对的。无论是社会主义层面还是资本主义层面上的自由，其本质上都与阶级利益有很深的纠葛，因此超阶级或者不受限制的自由是不存在的。影响和制约社会主义新闻自由的因素来自很多方面，应对其不断完善，才能真正地、充分地保障人民的新闻自由权利。

二、新闻自由的实现与新闻工作者的新闻自由

正如社会责任论者所强调的那样，新闻自由是积极自由和消极自由的统一。新闻自由的实现要求公权力（主要是政府行使的权力）既要为新闻自由的实现提供政治、物质、文化等全方位、多角度的保障，又要遏制自身对新闻自由的压制和剥夺。

（一）新闻自由的内容

1. 开办新闻媒介之自由

开办新闻媒介之自由即开业自由。新闻媒介包括报纸、期刊、广播、电视、电影以及新兴的计算机互联网络等。这些媒介出现于不同的时代，世界各国对它们的管理也是有所不同的。

（1）报刊的开业自由。第一，实行登记制或完全自由制。与出版机构的开业自由一样，报刊的开业自由也经历了从不自由到自由的过程。起初，各国政府对报刊的开办均实行特许制或批准制，公民不能自由地开办报刊。后来，特许制和批准制在发达的资本主义国家先后遭到废除，登记制成为管理报刊开业的主要制度。第二，不得随意限制从业者的资格。各国关于报刊从业者的资格规定与进入出版业的资格规定相同，但也有一些国家只要求从业者是本国公民。对于是否允许私人开办报纸，世界通例是不限制公民个人开办报刊。第三，如果取缔开业资格必须有司法救济。

（2）开办广播电台、电视台、电影制片厂的自由。这类电子媒介具有影响大、时效强、受众文化素质要求较低等特点，有些国家的宪法、法律文本规定对其实行批准制。

（3）开办互联网络的自由。人类历史上第一个对电子网络空间的行为实行法律规范的专门立法是 1997 年德国颁布的《多媒体法》，该法确立了自由进入的原则，即在网络市场上，只要出于自愿，任何人均可不受限制地从事互联网络经营，只要具备营业证就行。

2. 采访之自由

现代大众传播媒体承担着向公民提供及时、准确、客观的信息的任务。采访自由便成

为必需，它是保证公民知情权的基础，采访自由意味着新闻媒体在履行维护国家安全、公共秩序、公正审判等义务的前提下享有进入新闻现场、接触新闻人物，并了解、获得信息的权利。从新闻理论和实践上看，采访自由借助以下途径实现。第一，立法机关的会议公开举行，新闻记者在尊重立法机关特权、遵守会议秩序的情况下，有权进入会议地点进行摄影、摄像、录音、记录，在会议举行前后或休会期间，有权采访与会人员。第二，行政机关公开举行的会议，新闻记者在遵守会议秩序的前提下，有权进入会议地点进行摄影、摄像、录音、记录，在会议举行前后或休会期间，有权采访与会人员，但秘密举行的会议除外。对于行政机关推出的与公众利益密切相关的决策与举措，新闻记者有权采访该机关。在没有合理理由的情况下，该机关不得拒绝采访。第三，审判机关进行的审理活动，除法律明文规定禁止公开审理的案件之外，一律公开进行。新闻记者有权在维护国家利益、保护诉讼参与人合法权益、遵守法庭秩序的前提下，进入法庭并对审理活动进行摄影、摄像、录音、记录。第四，对于某些特殊地域与事务，新闻记者的采访自由要受到一些必要的合理的限制，例如涉及军事基地、监狱的采访，就要受到较多的限制。

3. 传播自由

现代科学技术的迅猛发展使新闻传播手段呈现出多元化、快捷性的特点。20 世纪中叶以后，新闻传播以电子传真、卫星传输等为手段。随着互联网技术的发展，新闻传播趋向于网络化，传播更迅速、更便捷，新闻传播自由也有了更为可靠的物质基础、技术保障。国际社会对传播自由一般采取只要不损害国家利益就不加干涉的态度。违法新闻在其发布和公开之前，国家权力机构一般不予干涉。只有在其发布和公开之后，对国家与社会造成了实质的危害，国家权力机构才会采取措施予以追究，此即为著名的事后追惩制。

4. 报道和批评之自由

报道和批评自由是新闻自由的核心和重要表现。可以说，没有报道和批评自由也就没有了新闻自由，因为前面所谈的几项自由，说到底是为报道和批评自由服务的。正因如此，反民主的专制力量往往对这项自由加以严厉的限制。笔者认为，报道和批评自由的实现有赖于以下几点。第一，除了特殊的缘故外，如为了防止泄露国家机密或其他对国家安全造成实质性危害后果的事件发生，不得对报道、批评实行事先审查、批准，即不得实行预防制。第二，明确、合理规定或确认禁止在播内容，对违法行为实行事后追究制裁。国际人权文件及各国宪法、法律或法院判决，一般均明确规定或确认了禁止新闻媒体登载或播放的内容。在国际人权文件中，新闻自由属于可减的权利，即在紧急情况下，各国可以以明确、合理的规定对其予以限制。例如，《公民权利和政治权利国际公约》在宣布个人应享有表达自由的同时，表明对其可以予以限制，但这些限制只应由法律规定并符合下列条件：尊重他人的权利或名誉；保障国家安全或公共秩序，或公共卫生或道德。《欧洲人权公约》(即《保护人权与基本自由公约》) 在规定每个人均享有言论自由的权利之后，又规定：上述自由的行使因负有责任和义务须接受法律所规定的程式、条件、限制或惩罚的约束。此外，很多国家的宪法或法律性文件均做出了类似规定。

5. 印刷、发行和销售的自由

印刷、发行和销售自由是实现新闻自由的最后一个环节，不可或缺，新闻自由的最后实现有赖于它。因此，世界上很多国家对报刊的印刷、发行和销售自由均做出了明确的规定和保障。例如，法国《出版自由法》明确规定："印刷和出版是自由的。" 按照此法的规定，贩卖报纸和其他出版物，仅向贩卖地所属的市镇政府或专区政府申报即可。再如，危地马拉共和国政治宪法规定，社会新闻媒体的活动关系公众利益，因此它们的活动自由绝对不可被剥夺，不能因为传播思想中的错误或罪行被关闭、扣押或没收，也不得中断社会新闻媒体的企业、车间、设备和机器的运转。

(二) 新闻工作者的新闻自由

新闻工作者有自由选择其行为的权利，即在其所从事的新闻传播事业中享有一定按照自己意志进行自由行动的权利，该权利是新闻工作者在新闻传播活动中实现自身价值的基础和必要条件。如果新闻工作者没有自由选择行动的权利，新闻传播活动负有的社会责任就无从谈起，所以应通过一定的规范和措施来保障新闻工作者的这项权利。但新闻工作者自由选择行动并不是毫无限制的和随心所欲的，否则就会出现 "放纵" 和 "任性" 的不良倾向，所以新闻工作者的自由应该受一定法律规范的制约协调，不能侵犯他人合法权益，并对自己的行为负责。新闻社会责任理论认为，新闻媒体和新闻工作者承担着一定的社会责任，实现新闻自由不能破坏和危害社会其他个人或集团的合法权利与自由，而不承担一定的义务与责任，新闻媒体和新闻工作者的新闻自由权利就无法得到保证。因此，新闻工作者要本着自由与责任统一的原则，在有条件地行使自己新闻自由权利的同时承担一定的社会责任。

新闻工作者享有社会赋予的权利，即新闻工作者享有通过一定手段进行新闻传播活动的权利，主要包括新闻知晓权、新闻采访权、新闻发表权等。在享有这些权利的同时，新闻工作者应该承担相应的义务，主要包括以下几项：有义务维护人民的新闻权利，客观、真实、迅速地依法采写、编发公众欲知的各类信息；有义务遵守国家的各项法律，维护法律的尊严；有义务接受人民监督和国家管理等。只有这样，新闻工作者才能更好地享有和行使自己的合法权利。新闻工作者的权利和义务的内在统一性决定了其在享受不可侵犯的合法权利的同时必须履行相应的社会义务。

1. 新闻采访报道的自由

新闻采访报道自由即新闻工作者基于新闻报道目的通过一定方式接近新闻源、了解访问知情者、调查分析有关材料获取新闻信息的自由权利。在新闻传播实践活动中新闻工作者享有新闻采访报道的自由。

新闻传播是人获取外界信息享有对客观世界“知的权利”的重要渠道和手段，新闻工作者的采访自由和权利是新闻传播活动的基础和前提，没有采访报道自由就无法达到实现公众“知的权利”的目的。因此，新闻工作者的新闻采访报道自由是“新闻自由权利体系中的基础性权利”，任何个人或组织不得非法进行干涉、限制或侵犯。对于现行法律未明确禁止的采访手段，新闻工作者在采访过程中可以自由使用并有权排除任何非法干涉，如直接访问、电话访问、书面访问等显性采访方式，也包括未违反法律强制性规定的隐形采访方式。

除自由选择采访方式外，新闻工作者的新闻采访报道自由还包括以下内容：拒绝采访的自由，新闻工作者有权拒绝对某一事件的采访要求；选择采访对象的自由，即新闻工作者根据新闻源的内容性质有权选择适当的个人或机构，其中对普通公民和机构进行采访前应与之协商取得许可；信息来源隐匿的自由，即新闻工作者出于职业需要，有权不公开提供新闻线索的人员和接受采访的对象的个人信息等。

当然，新闻工作者在行使新闻采访报道自由权时不得违犯国家有关法律、规范，侵犯社会公共利益与公民及团体的合法利益的采访活动应受到限制。

2. 新闻表达批评的自由

新闻表达批评自由是指新闻工作者享有的对采访到的信息材料经过整理分析形成观点，并利用新闻工具对国家机关、国家工作人员以及社会上存在的不良倾向和现象进行抨击和批评的自由，这也是新闻工作者实行舆论监督权的一个重要方面。

《中华人民共和国宪法》第三十五条明确规定：“中华人民共和国公民有言论、出版、集会、结社、游行、示威的自由。”第四十一条规定：“中华人民共和国公民对于任何国家机关和国家工作人员，有提出批评和建议的权利。”第四十一条中规定的权利主要指言论自由中的表达权，公民在实施这项权利时应有发表批评性意见的自由（当然要在宪法和法律规定的范围内）。作为公民的新闻工作者有权对国家的重大事务、国家工作人员实行舆论监督。

新闻工作者在法律允许的范围内通过新闻自由表达评判意见，将社会上的不良现象和倾向有力地揭露出来，能够有效制约滥用社会公共权力的行为，有利于实现社会的正义，促进社会公平。新闻自由权利的行使应是有原则、有限制的，新闻工作者应在维护党与人民的利益、坚持实事求是的原则下行使这项权利，在通过新闻评判客观事实时应做到适度、适时、适宜，否则将导致有害新闻不受限的传播，造成恶劣的社会影响。

3. 新闻发布传播的自由

新闻发布传播自由是指新闻工作者通过报刊、广播、电视、电影、网络等媒介平台发布、传播新闻信息的自由权利。新闻工作者的新闻发布传播自由是新闻传播活动保障公众享有对客观世界“知的权利”的最后环节。没有一个有效的发布传播平台，新闻工作者采写的新闻信息就不可能与公众见面，“信息沟通、批评监督”等就只能是自话自说，起不到应有的社会效用，所以新闻工作者的新闻发布传播自由同样是一项重要的权利。

三、新闻自由的限制

任何自由都应限制在一定的法律框架中，只有通过法律限制自由，才能维持法治社会的平等。新闻自由虽然是一种自由权利，但这一权利的行使应受到一定的限制，应在尊重他人名誉及权利的情况下行使这项权利，行使权利时应维护国家安全，遵守道德要求，遵守公共秩序，保障公共卫生，这也是站在社会责任理论层面看待新闻自由时对自由主义理论的修正。从限制的角度看新闻自由时，会涉及很多层面，每个层面的实践都至关重要，这些实践直接影响了新闻自由的实现程度。

（一）新闻自由限制的含义

通常情况下，新闻自由要受到来自哪方面的限制呢？本节结合国内外学者的观点，认为新闻自由权利的行使应受到以下三个方面的限制。

1. 新闻自由权利的行使要受到国家利益的限制

行使新闻自由权利的重要前提是维护政权稳定、保持国家安全。对于任何国家，这一点都是新闻自由不可逾越的界限。在行使新闻自由权时，新闻工作者应维护国家机密不被泄露，不得教唆犯罪，不得煽动叛变、政变等。新闻自由是公民享有的一项基本权利，国家的任何行政活动及立法都不得剥夺公民享有的言论自由、出版自由、新闻自由权利，否则就属于违宪行为。但个人或组织应在一定的限度内行使该权利，不得做出危及国家政权稳定和安全的行为。

2. 新闻自由权利的行使要受到社会公共利益的制约

杰弗逊在他担任美国总统的时期由于屡受报纸的攻击而抱怨说：“从没有读过报纸的人比那些读报纸的人更了解情况，正如一个一无所知的人比一个满脑子装满困惑和谬误的人更接近真理。”他还发现报纸的过度自由会造成一种“危险的情况”，认为新闻的客观性和理性竞赛必须根据美国人民的最高利益加以限制。因此，他呼吁用“有益的压制”来对待“虚假的诽谤性文章”。墨西哥宪法第七条规定：“出版自由除尊重私人生活、道德和公共安宁外不受其他限制。”一般来讲，新闻自由对社会公共利益的损害包括以下几点：对社会道德和公序良俗的腐蚀，对社会所公认的道德标准的挑战，可能引起社会道德水平下降、败坏风纪等；对宗教信仰的诽谤、侮蔑等而引起宗教纠纷，对社会秩序产生损害。

3. 新闻自由权利的行使要受到私人利益的制约

在行使新闻自由权利时，不应将私人利益作为可牺牲的代价。人人都有享受新闻自由的权利，可以借助各种媒介发表自己的意见。但从制约的角度上讲，新闻自由权利不代表绝对的人权，在行使这项权利的同时，应承担相应的责任和义务，如不损害他人权利、尊重他人名誉等。私人利益包括隐私权、受公平审判的权利、名誉权以及财产权等。1948年，《世界人权宣言》提出不得任意侵犯任何人的家庭、生活、通信、住宅，不得攻击他人的荣誉和名誉。每个人都有受到法律保护的权利，在法律的保护下免受这种攻击和干扰。

（二）新闻自由限制的方式

行使新闻自由总要表现为一种行为，因此就必须以不侵害他人的自由权为前提。正因为新闻自由和其他自由一样是权利和义务的统一，是相对的、具体的、可减损的权利，许多国家都制定有专门的法律加以规定，如新闻自由法、出版法、诽谤法等。根据各国的立法实践和学者的著述，不同国家对新闻自由的限制方式大致可分为预防制和追惩制两种。

1. 预防制

预防制又被称为事前限制，包括许可证制、检查制、保证金制和呈报制。在预防制下，凡演说、出版等言论均须在表达之前受国家机关的干预和检查，在出版之后，仍须受法律制裁，所以亦称为警治制度。预防制最主要的特征是由政府委派官员实施书报检查，决定允许出版，或不许出版，或删改后出版。许可证制是政府依靠颁发经营执照的方法，决定谁是印刷媒体或电子媒体的创办人，谁有权经营这一行业，以此防止新闻自由带给统治利益的危害。检查制是指所有的手稿与校样在印刷前，送请政府书报检察官检查与核准的制度。检察官完全依据主观认识来判断言论是否具有危害性。预防制所限制的是新闻自由的核心权利——表达的权利。限制的依据具有主观性，而不是言论所引起的现实危害。

必须强调的是，禁止事前审查是民主国家的通例，也是新闻自由实现的基本条件。世界上民主法制比较完备的国家，大多通过宪法、法律或司法解释宣布禁止事前审查制度。如《意大利共和国宪法》第21条规定“新闻出版物，无须事前认可，也不得事前审查。”《德意志联邦共和国基本法》第5条第一项第二款也规定：“保障新闻出版自由和广播与电视报道的自由，并不受检查。”《美利坚合众国宪法》和美国相关法律虽没有明文规定禁止事前审查，但美国联邦法院通过判例，也大体确认了这一原则。弥尔顿曾激烈地抨击许可证制和检查制，历数其种种弊害。马克思也曾辛辣地嘲讽过普鲁士的书报检查制度。法国著名的政治思想家托克维尔在1835年出版的《论美国的民主》中写道："在美国，既不向印刷业发放执照，又不要求报刊进行注册，更不知保证金是何物——我真不明白，这样一个显而易见的真理，为什么还未在我们法国推广。"预防制，特别是检查制，是非常专断、蛮横、非理性的制度，是对新闻自由最严重的侵犯。它所施予的限制总是超过实际的需要，这类制度原则上是不合理的，只可以适用于极少数严格限定的场合——如战争期间和一些特定媒体上，比如许可证制之于利用有限波段的电子媒体，检查制之于电影作品。我国法律基本上接受了这样一个原则，但是法律尚缺乏明确的规定和相应的保障制度，很多实践中的做法需要改进和提高。

2. 追惩制

追惩制又被称为事后制裁制，包括刑事、行政和民事的追惩手段。在这种制度下，出版物既无须受检查，亦无须求特准，且不必向行政机关呈报，自出版至发行完全自由。唯出版物有违法事实，自当于出版后依法受到惩治。事后追惩制承认表达的自由，而又允许政府为了其他利益抑制自由放任的危害。当言论发表以后，政府根据它所产生的或即将产生的现实危害来追惩言论者。相比之下，追惩制所施加的惩罚有着现实基础，而非仅凭主观臆断，是一种较为合理的管制新闻自由的手段。但是，追惩制也必须遵从一定的标准：事后惩罚的严厉程度不能超过必要的限度；事后惩罚的条件和范围必须严格精确界定；规范性语言不能过度宽泛和含糊笼统；对有关法律、法规必须予以限制性解释。无疑，追惩制比起预防制是一个不小的进步，给了新闻媒体较多的自由。

结合我国发展的实际情况，批准制是我国现行的政策制度。我国实行社会主义制度，由党和人民掌握着新闻媒体，新闻媒体在新闻传播方面应牢牢跟随社会主义指导思想，创造政治正确、相对稳定和谐的舆论环境，促进我国社会主义事业的建设。我国报道评论活动的言论自由和出版自由主要体现在依法管理和不实行预审制两个方面。依法管理指新闻传播行业的从业者应在合理合法的范围中行动，只有不违规不违法的行为才不会受到惩罚。我国新闻领域的所有媒体共同组成了党的新闻机构，国家相关政府部门依据党的要求对新闻在电视、报刊、网络等上的刊载颁布了一系列的管理规定，对报道评论活动制定了明确的规则，有效降低了人为因素的干扰。对于不实行预审制，包括我国在内的世界各国在除战争等紧急状态之外的时期均不实行预审制。

但是，现今我国社会主义新闻事业的发展并不成熟，在社会主义新闻事业的法治管理建设与发展方面仍有很长的路要走。随着我国新闻自由的发展，我国必须制定严格的管理制度与规定并实施。在新闻自由的法治管理方面，制定单一的预防制或单一的追惩制都不够恰当，应以追惩为主，辅以预防，实现法治管理。

作为社会主义国家，我国的公民可以充分地享受新闻自由，但正如马克思所说的那样：“权力永远也不能超出社会的经济结构以及由经济结构所制约的社会文化发展。”在社会主义初级阶段，经济、政治、文化发展水平还相对较低，新闻自由实现的程度、能力和范围均受到这些条件的制约。社会主义新闻自由，从认识到实践，仍处在发展之中，如何保证在宪法和法律所允许的范围内，通过更为适当的形式和途径，确保新闻自由彻底、充分的实现，值得我们进一步在理论和实践上创造、完善和发展。

第三节　融媒时代新闻报道的法律限制

一、新闻传播者的道德责任

任何新闻传播形式与传播行为都无法与新闻传播者分开，可以说，新闻传播者是各种新闻得以成功传播的核心与关键，更是当代传媒文化的重要构成部分。基于新闻传播者的重要地位与作用，其职业操守也变得愈发重要。在新闻传播活动中，传播者应当对善恶行为具有明确的界定，既要充分明确善的行为，又要敢于追问恶的行为，在适当的时机，要履行道德评判的义务与责任。因此，明确新闻传播者道德责任的内涵及其构成要素，不但可以深入了解新闻传播的道德原则和规范，而且可以从实践层面督促新闻传播者更好地履行道德责任。

伴随我国学术界的多年发展，学者对新闻传播者责任与义务的界定也是众说纷纭，可谓“仁者见仁，智者见智”。虽然不同学者的看法不同，但是总的方向与本质表达却是一致的。新闻传播者作为大众总体利益的“代言人”，作为群众的“服务者”，必须把自己的职业义务与群众的总体诉求相结合，要全力维护大众的知情权、表达权、传播权等基本权利，要敢于为群众“讲真话、讲实话”，尤其是涉及群众民生并且与群众基本生活紧密相关的信息。要坚决杜绝其他行为对公众知情权的干涉，要摆正自己的职业方位，明确自己作为公众“代言人”的身份，应当尊重公众的知情权，在力所能及的范围之内，最大限度地保障公众的知情权与表达权，帮助他们表达自己的看法与观点，使新闻传播真正成为一种双向的、互动的活动，而非单向的、缺乏反馈的的活动。

另外，在对待不同事件乃至相同事件时，总会出现不同的声音，而新闻传播者所要做到的就是聆听多种声音，对于与自己观点有差异乃至相左的看法与观点，要学会包容和善待。世界因多样而精彩，思想与言论也因碰撞而绽放出新的火花，新闻传播者要善于融合不同的看法，更加全面地了解各种观点，而不能总是自说自话，陷于自己的世界。

我国的政治体制决定了我国重视群众发言权利的特点。20 世纪，由于我国各项技术不够完善，媒体平台不够发达，群众参政并不容易。而进入 21 世纪，随着科学技术的一系列突破、信息时代的到来，群众能够通过媒体平台表达自己的看法，群众与参政议政活动之间的距离被逐渐拉近。加之信息时代，媒体成为时代主流，它能够真正帮助公众表述对各项决策的意见、看法，于是人们不仅有了获取信息、参政议政的渠道，更有了表达意愿与需求的平台。

所以，新闻传播不应当只是少数人的特权，新闻媒体更不应是少数人维护自己利益的工具。既然作为“社会的神经”，新闻媒体就必须成为群众共同交流与讨论的平台，是社会中所有阶层都能够使用的公器。而新闻传播者，更应当肩负起自己的责任，争做群众的“耳目”与“口舌”。新闻传播者要从内而外树立起以公众为先的观念，增强服务意识，充分尊重群众的多种权利，包括知情权、表达权等。这里要注意的是，传播涉及群众民生以及与群众切身利益紧密相连的信息是新闻传播活动重点中的重点，群众对于民生问题有着强烈地、迫切地了解需求，对于这些问题，新闻传播者要更加敏感，尽可能去维护群众关于以上问题的知情权，而不能由于其他原因剥夺群众表达自己观点的权利。

二、融媒时代新闻报道法律制度的构建

曾几何时，报纸是信息传播的主要途径，人们通过阅读报纸这一途径单向获取各种讯息。如今社会进入融媒时代，网络与自媒体开始发挥愈发重要的作用。然而，任何新兴事物总要经历检验的过程，在检验过程中也总会伴随着不稳定的因素，在网络媒体领域，则体现为相关规范与制度的匮乏。庆幸的是，报纸作为最初的媒体形式，其法律规范较为完善，而报纸的各项相关规范也普遍适用于网络媒体。因此，在一定程度上网络媒体的法律规范可以从报纸媒体的规范中进行借鉴。其中，最重要的一些要点包括不允许媒体侵害国家与公众的利益，不允许媒体所宣传的信息违背宪法确定的基本原则，必须与国家施行的大政方针一致。

（一）新闻传播法律制度构建的意义

1. 促进社会的平等，宣扬公平正义

新闻传播承载着传递现代信息的功能，也是现代个人基本的人权之一，完整的法律制度不仅能规范新闻传播行为，也能促进整个社会的公平正义。

2. 推动民主政治建设

西方国家非常重视新闻自由，马克思认为，新闻自由是社会平等的根本，失去自由的新闻，就像折了翅膀的雄鹰。马克思主张以法律的方式保障新闻自由的权利，没有法律保障的新闻自由，就不能称之为自由。

没有整体的相对完善的新闻传播法律制度，就不能有效保障新闻自由，也不能对滥用自由的新闻传播媒体进行约束。构建新闻传播法律制度不仅能确保新闻传播活动在法律的框架内自由进行，还能够加快民主政治的进一步完善。

（二）新闻报道法律限制的内容

1. 司法报道的法律限制

当记者所采访与即将报道的内容或事件与法律相关，此时的媒体报道则具有与其他报道不同的特点。司法独立是我国司法工作的一项重要原则。例如，《中华人民共和国宪法》第一百三十一条规定：“人民法院依照法律规定独立行使审判权，不受行政机关、社会团体和个人的干涉。”所以，记者应当对此进行更多的权衡。一方面，决定是否进行相关报道，这是由于我国部分法律法规具有公开范围与公开程度的有限性和相对性，在特定层面不予公开，这也符合有关部门的法律规定；另一方面，若决定报道，则要按照有关部门的严格规定和流程进行。例如，先要明确报道内容要向哪些部门送审，当得到批准之后再进行下一步流程。总之，司法报道是一项十分严密、十分谨慎的活动，必须要严格遵循各项准则。

另外，进行司法报道时要防止“媒体审判”。在国外，许多学者认为“媒体审判”是一种媒体工作者根据自己的主观臆断，或者是某些细碎片段而进行的非官方的指责和裁判，时常符合社会的道义或公众的预期，但是并不符合法律规范的要求。在我国，所谓“媒体审判”，指的是在案件的正式判决做出之前，新闻媒体根据自己获得的各种信息，提前对涉案人员做出的报道，或是对相关案件做出的偏离公平公正原则的报道。之所以会出现这种情况，是因为部分媒体工作者希望博取更多的眼球，获取更多的利益，从而对公众进行符合他们心理预期的引导。这种所谓的审判，既违反了人民法院独立审判的宪法原则，又违背了其他相关的诉讼原则，还与我国目前所强力推行的全面依法治国的大政方针相悖。毫无疑问，这种引导必然在很大程度上干预了司法处理的公正性，影响司法判决的严肃性，应当严格管理与杜绝。

2. 报道内容的法律限制

媒体报道的内容必须符合我国法律条文的规定，报道的内容不得含有法律禁止的内容。

《中华人民共和国宪法》明确指出："全国各族人民、一切国家机关和武装力量、各政党和各社会团体、各企业事业组织，都必须以宪法为根本的活动准则，并且负有维护宪法尊严、保证宪法实施的职责。"可见，新闻媒体属于《中华人民共和国宪法》中提到的团体和组织，必须严格遵守《中华人民共和国宪法》的规定与要求，把《中华人民共和国宪法》作为开展各项工作的根本准则，要严格杜绝任何违反《中华人民共和国宪法》的活动。

新闻媒体进行报道时在内容上应注意两点。第一，新闻媒体报道内容应注意民族问题。在报道中，任何涉及民族的信息，必须要以民族团结、民族包容、民族平等、民族统一等为原则，把促进各民族的和谐与交流作为主旨。我国是一个统一的多民族国家，国内绝大多数人口为汉族，还有大量其他民族人口，新闻媒体必须认清我国是由多民族构成的这一特性，尊重少数民族的风俗习惯，严格杜绝任何破坏民族团结，破坏祖国统一，违背《中华人民共和国宪法》的言行出现。在新闻报道中，不允许有任何丑化和侵害少数民族同胞的言论出现，如出现上述问题，甚至造成不良影响与后果者，要承担相应法律责任。第二，新闻媒体报道内容要严守国家秘密，任何报道中都不可以透露国家机密，要明确自己身为中华民族公民的责任与义务。假如报道活动被认定为泄密，则要承担较为严重的法律后果，所以新闻工作者必须增强保密意识。另外，新闻报道也要避免出现其他问题，如侵害公民名誉权、侵害公民隐私权等，这也是报道活动中容易出现的疏漏与问题。

3. 新闻刊载的法律限制

随着媒体技术的发展，目前我国社会已经进入了信息爆炸的时代，信息变得尤为重要。为了传播信息，获取较高的关注度和点击量，许多媒体工作者可谓各出奇招，各网络平台上难免会出现信息转载情况，那么这种转载是否触犯法律，则需要进一步明确。

首先，根据《中华人民共和国著作权法》规定，剽窃和抄袭他人文章、作品是违法行为。对此，有关部门也制定了相应的惩罚措施，侵权者需要承担相应的民事责任。例如，新闻媒体在未经他人允许的情况下，对他人所发表的内容进行转载，很可能会涉及侵权，被侵权者通过搜集资料，并向有关部门举报，可以依法向侵权者索要赔偿。另外，如果已经刊登的作品中有"未经本人同意不得转载"标识的声明，其他媒体想要转载，则应当征得原作者的同意。

但是，这里存在一定的误区，即"不得转载，违者必究"这类声明是否受到法律保护，是否符合法律规范？事实上，根据《中华人民共和国著作权法》的规定，以上声明并不具备法律效应，当新闻作品被公开发布时，该作品就已经允许被他人转载，这是法律明确规定的，而有些媒体额外加上的这类声明，相当于自己附加的要求。另外，不准转载或经本人同意才能转载的声明主体，应是著作权人，而非报社、期刊社。可一般发表声明的并非作者，依据《中华人民共和国民法典》中的默示规则，只要没有作者声明的，其他媒体就可以转载，但应按规定支付报酬。不过，假如由于转载者自己的失误，或者自身业务能力不足，造成摘编错误、曲解误导等后果，则需要承担相应责任，这也相当于对转载行为做出适当约束与规范。

总之，在融媒时代下，各种作品的转载是无法避免的，各媒体都应当明确转载流程与要求，要严格避免侵权行为的发生。

第四节　融媒时代新闻报道的侵权

融媒时代获取信息的渠道可谓五花八门，但是信息的真实性却受到考验。真实性是公众对信息的基本要求，作为媒体工作者，记者应当保证信息的公正性与真实性。有时，记者会由于一时疏忽而进行错误报道，这属于记者的过失责任。然而，许多记者为了一己私利，或者为了博取大众的眼球，获得更多的关注度，进行虚假报道，散布不实信息，这种行为则常常会侵犯他人的合法权益，是一种故意侵权行为。对于以上行为，任何单位与有关部门都应当严格杜绝，并强化检查与监督。

当然，外界的要求与约束只是一部分，更重要的则是媒体工作者的自觉，身为记者，必须要明确“真实性是新闻的活力源泉”，缺乏真实性的报道，或许能够引起公众的短暂关注，但是往往会让自己付出更大的代价。所以，记者要不断提升自己的职业修养与道德情操，在工作中时刻明确自己的责任与义务。

一、新闻报道侵权的具体形式

新闻报道的侵权形式主要包含侵害名誉权、侵害隐私权、侵害肖像权等几种基本形式。

（一）侵害名誉权的具体形式

名誉权是指民事主体就自己获得的社会评价享有利益并排除他人侵害的权利。作为民事主体，每一个人的名誉权都受法律保护，这也属于个人的基本权利。从辩证的视角看，每一个人都属于社会中的个人，而社会也是由个人所构成的社会。在社会中，如果个人名誉权无法得到应有的保障，则意味着社会也将陷入混乱，足见名誉权对于社会稳定的重要意义。假如某些媒体转载或刊登的新闻对个人名誉权造成伤害，受侵害者可以对此进行责任追究，向有关部门进行举报。

不过，侵害名誉权也分为两种不同的情况，第一种为侮辱，第二种为诽谤，前者指贬低、损害他人人格尊严的行为和言论，后者指虚假报道他人的社会评价，从而导致他人社会名誉受损的行为和言论。

侮辱常常伴随辱骂性字眼或暴力行为等，直接对受侵害者造成心理或生理上的伤害，按照侮辱的言论字眼，侮辱也可细分为辱骂和丑化两种形式。诽谤往往不直接面对受侵害者，而是对公众散播有关受侵害者的不实言论，陈述一些不实的虚假内容，以损害他人在公众中的形象与社会地位，根据诽谤行为差异，诽谤也可细分为口头诽谤和文字诽谤。

（二）侵害隐私权的具体形式

任何新闻报道都要杜绝侵害他人隐私权的情况，这首先需要新闻从业人员严格明确侵害隐私权行为的界限。新闻侵害隐私权行为是指新闻单位和新闻从业人员在新闻作品的采访报道过程中，未经他人同意，侵扰他人居住安宁和人身自由，披露他人与社会公共生活无关的个人信息和个人事务，给他人造成损害的行为。记者有时为了获取更多的资源与信息，可能存在侥幸心理，其部分行为则会构成侵权，包括有些记者没有征得受访者的同意，直接采取比较激进的行为，设法接近受访者。例如，非法窃听他人信息，非法进入他人住宅，非法查看他人的文件与资料，等等。不过，在这里有一个内容需要界定，即普通人与政治公众人物的隐私的界定，政治公众人物常常出席各种公众场合，他们的许多行为也受到公众监督，所以对他们来讲，其隐私权所涵盖的范围要小于绝大多数的普通人，毕竟公众依法享有对公众人物的监督权与批评权。

一般来讲，新闻侵害隐私权行为包括如下几种情况。第一，未事先征得当事人同意，根据自己所获得的信息内容，私自公布强奸等性犯罪案件中受到伤害人员的相关信息，而这些信息足以使他人辨认出受害人员，如姓名、住址、工作单位等。第二，未经许可私自将他人的不良记录，如犯罪记录等进行公开，严重影响他人正常生活。需要特别注意的是，已经接受过法律制裁，经过改造与教育，能够按照国家法律规定正常生活的人，其相应权利也应受到法律保护，社会应当给予他们改过自新的机会，而私自公布他人的不良历史行为，则属于侵害隐私权行为。第三，不当公开他人的财产状况、家庭生活、婚恋情况、生理缺陷、疾病史等个人隐私。在具体实践中，新闻媒体应当把握好规则与尺度，不应随意报道，否则将侵害他人的隐私权。

（三）侵害肖像权的具体形式

侵害肖像权的行为包括以下几种形式：未经许可再现他人肖像；未经许可使用他人肖

像；歪曲、丑化他人肖像等。

新闻报道中可以使用他人肖像，如进行新闻报道时，对他人正常肖像进行正常使用，有助于公众对事件与人物的了解，这种使用是正常且合法的。但是，假如在新闻报道中，媒体使用的肖像来源于非法渠道，如在他人家中偷拍的照片，或者涉及他人隐私的照片，则属于非法和侵权行为。

另外，假如新闻报道使用他人的肖像具有抹黑、丑化等倾向，也属于非法行为。例如，某新闻在进行报道时，并未使用某公众人物的正常照片，而使用经过加工的照片，对其造成丑化等不良影响，则另当别论。此外，如果私自利用他人照片，如在广告中使用，或者在图书中作为插图使用，都是十分明显的侵权行为。

可见，目前法律对侵犯肖像权的行为界定十分明确，紧扣隐私、歪曲、丑化三个关键点。

二、新闻报道侵权的预防

目前公众的维权意识日益增强。媒体工作者，无论是出于自身的职业操守与职业要求，还是顺应时代发展的潮流，都应当严格要求自己，把新闻工作的各个环节做到位，预防任何新闻侵权行为的发生。

（一）新闻媒体自律

从预防新闻侵权角度看，媒体应该从以下两方面入手。

1. 加强媒体管理部门对于相关工作人员的教育与引导

各媒体要认清严格遵守新闻职业要求的重要性，深刻贯彻落实各项要求。媒体管理部门应依照行业准则、行业要求、行业规范考核从业人员，对不达标的从业者，要进行严肃处理。此外，还要时常对从业人员进行侵权预防教育，一方面使他们时刻明确自己的权利与义务，严守界限且不能越界；另一方面，使他们树立崇高的职业信仰，时刻站在党和人民的主体立场，不能有所偏离，在报道中禁止掺杂个人的好恶，要保持中立态度，以真实作为职业准则，不能把有关部门下发的要求当作耳边风，更不能搞有偿新闻、打击报复。

2. 各媒体制定预防新闻侵权规范

明确的规范往往具有更强的执行性，各媒体都应当制定相应的侵权预防规范。在制定规范时，要注意以下几点：第一，从媒体自身的情况出发，结合实际情况制定相应的规范，不可完全照搬照抄其他媒体的管理方案；第二，规范的内容要严格、明确，不能包含任何歧义性内容，否则可能会使员工误将某些侵权行为当成正常工作行为；第三，明确违规处罚，处罚措施需要具备严格性、公平性，对所有员工一视同仁，坚决杜绝侵权行为。如果媒体能够将以上几点做到位，那么能最大限度地对新闻侵权产生预防作用。例如，南方日报报业集团的《南方日报报业集团预防新闻侵权的若干规定》等，对员工的行为进行了明确规范，有助于员工认清自己的工作范围，以防出现侵权行为。

（二）新闻从业人员严把事实关

新闻从业者都应当把“事实”二字作为报道的准则，多数新闻侵权行为都是由偏离事实造成的。一方面，有些新闻从业者采集信息的渠道不够正确、不够细致，缺乏真实性，甚至有些资料毫无根据。这些信息往往与真实情况不符，收集、整理、发布这些虚假、不实的信息就构成了侵权。所以，新闻从业人员必须严把事实关，提升信息质量，只有真实可靠的信息才能作为工作素材，坚决不可把道听途说的消息作为新闻报道的内容，必须要经过审慎调查，才能让相关信息见报。另一方面，人们往往会额外关注批评性的新闻报道，如果新闻报道对人或事进行批评时出现有失偏颇的内容，极易被放大，从而造成不良影响。所以，新闻从业者需要有更多的细心与耐心，无论进行采访、搜集资料，还是进行资料整理、文章编辑，都应保持独立思考，敢于质疑，结合各方面情况做出自己的判断。

需要注意的是，假如已经获取的一些信息，已能形成对某人的批评性报道，此时不要急于报道，要再去采访被批评人。这是为了使采访的内容更加全面，毕竟事件的当事人也具有表达的权利，以防出现报道过于极端、过于片面的情况。

此外，新闻从业者还要具备明确区分新闻事实、法律事实、客观事实的能力。新闻侵权事件中经常出现以上三种不同事实相互冲突的情况。法律事实是法律规范所确认的能够引起民事权利义务产生、变更和消灭的事实，是引起法律效力的事实，这就要求新闻从业者采写新闻事实或在编发稿时，应尊重由司法文书确定的法律事实。

（三）新闻从业人员把好文字表达关

新闻从业者要有合格的文字表达能力，能够在用语和措辞上避免错误，这就需要新闻从业者在平常的生活和工作中适当加强这些方面的训练。

首先，要提升自己的语言组织能力。曾几何时，人们编辑文章都是用笔，一边思索一边记录，所记述的内容与自己的思路保持一致。如今，人们写文章都是用键盘，甚至有些人连字都懒得打，这就导致许多人遣词造句的能力明显下降，在表述一些问题时，容易出现错误和歧义。新闻从业者免不了与文字打交道，必须对文字具有更高的敏感度，要经常阅读具有逻辑性的文章，要经常锻炼自己独立撰写文章的能力，否则，轻则出现语句不通或词不达意的情况，重则造成新闻侵权，影响端可大可小。

其次，要擅长运用书面语，尽量避免使用俚语、口头禅，不使用侮辱性、伤害性字眼。在日常生活中，人们为了更贴切地表达自己的情绪，时常使用一些生活性词语，而新闻报道具有一定的严肃性，用语应规范。

最后，新闻报道用语要避免使用外行话，且要准确，严谨规范使用相关词汇。例如，报道中不应把“犯罪嫌疑人”称为“罪犯”等。

第七章　融媒时代新闻传播变革与发展的策略和路径

第一节　融媒时代全媒体记者培养

融媒时代，受众与媒体的关系发生了明显变化。在传统媒体形式下，媒体与受众之间进行的是单向的传输，媒体发布消息，而受众通过不同渠道获取消息。例如，人们通过报纸获取信息，或者通过电视获取信息。融媒时代，受众可以通过网络等参与新闻传播的过程。一方面，受众可以与媒体从业者平等交流，互问互答，两者之间的关系逐渐拉近；另一方面，面对不同的受众，媒体从业者也需要对他们进行不同的划分，从而根据不同受众群体，打造出更加满足他们需求的差异化媒介产品。而打造差异化的媒介产品，则对新时代的记者提出了更高的要求，这就需要培养全媒体记者。

一、融媒时代的全媒体记者

说起“全媒体记者”，可能许多人会感觉比较新鲜，之前从未听过。其实从其表面含义来看，全媒体记者指的就是适应如今融媒时代发展的新型记者，是对记者提出的新要求。全媒体记者与此前的记者不同，其素质与能力更能适应当今快速发展的信息化社会。

要注意的是“全媒体记者”这一词汇并不是学术界创造的，而是伴随多年来传媒行业的发展以及社会变迁逐渐演变出来的。因此，对于“全媒体记者”，始终没有一个公认的、普遍的定义，无论是行业内还是学术界对其都持有不同的看法。

按照常规的要求，全媒体记者必须要具备多种能力，以胜任自己的工作，这些能力要能够明显提升其在工作中的各项表现，包括对高强度工作的适应能力，对繁杂工作的应对能力，对各种突发事件的处理能力，还有对融媒时代下各种图片、视频、音频的整合与编辑能力。可见，以上都是一般意义上对全媒体记者的要求。

但是，任何一个人都无法在有限的学习时间内成为全才，每一个人都有自己的长处与短处，正所谓“尺有所短，寸有所长”。所以，记者也无法把人们期待的上述多重能力全部集于一身，无法做到一条新闻内容的“一鱼多吃”，假如真的为了体现自己的能力而强行“包办”，那想必记者的工作也总会由于体量庞大而漏洞百出。毕竟融媒时代下，文字、图片、视频、音频等各种形式的材料都需要专业人士进行专业加工与制作，只有这样才能把新闻所要报道的内容更加真实地展现出来。例如，文字报道要简洁、翔实；摄影报道中的图片要真实、生动，准确传递新闻事实；视频报道要连贯、清晰；等等。

所以，即便一名记者有再均衡全面的专业能力，也无法身兼多职，无法一人将以上各项工作完全包揽，更何况除了上述工作之外，还有许多其他技术性工作也需要专人进行处理。

不过，这并不意味着全媒体记者没有意义，也并不意味着全媒体记者只是一个毫无意义的名词。在笔者看来，全媒体记者更为重要的方面是他的思维与视野，没有人可以真正掌握所有专业性技术，但是却可以形成专业而全面的职业思维。一名新时代的全媒体记者应当具有的是更加宽广的眼界，更加缜密的思维，更加清晰的逻辑，以及对于自己职业和所处行业的未来规划，即全媒体意识。西汉开国君主刘邦，论武力、智谋，都不算最出众，但是他有大局观，有常人所不具备的眼界，善于用人，所以能坐拥天下。时代呼吁的全媒体记者并不是一个人包揽所有工作的记者，而是在自身掌握一定专业知识与专业能力的基础上，逐渐增强自己对于新闻的敏感度与媒体融合观念，善于把各方面的素材融入全媒体矩阵，从而实现全时段播报的传播效应的记者。

经过这些年来信息科技的发展，以往的新闻搜集与采写方式并不能完全适应如今的社会发展，如今的新闻采写不能单纯依靠口述和笔记，而是要与多媒体技术巧妙结合。所以，传统媒体从业者与新媒体从业者必须要顺应时代潮流，走向融合，团队中既要有新闻、计算机方面的专业人才，也要有中文、法律、财经、历史、外语等方面的专业人才，只有这样，才能产生更大的影响力，才能适应目前行业竞争和发展的需要。

当代社会，舆论与人们的日常生活以及社会的稳定紧密相连，甚至在一定程度能够引导整个社会价值观的走向。全媒体记者要深刻认识舆论的重要性，更要明白只有掌握好互联网技术、形成战略眼光，才能紧跟时代大潮，一方面，要履行自己的义务，工作守本分，履行自己应尽的职责；另一方面，要尽最大努力为受众提供真实、客观的信息。

二、全媒体记者的培育路径

既然全媒体记者是融媒时代的产物，是时代发展的需要，那么如何培养全媒体记者就成为重要的时代之问。总的来看，培育全媒体记者需要从以下几个方面入手。

（一）培育创新意识和创新思维

创新是推动各行各业发展乃至社会不断进步的关键，对于全媒体记者的培育，创新也是不容忽视的重点。只有具备充分的创新意识与创新思维，记者才能在各种实践中不断提供具有价值的新思想、新理论、新方法，同时创新意识也能推动创新能力的发展。记者要明白，创新已经成为新时代的主题。事实上，在诸如教育、科研、制造等各种领域中，创新的重要性都日益凸显，在新闻领域中，新闻自身的特点使其对创新有着更高的要求。

所以记者在工作中要注意思维方式与工作方式的改变和革新，要敢于接触新事物，并善于在接触新事物的同时，从中吸取利于自身专业能力提升的养分。不能为了应付工作而敷衍了事，更不能把新闻采写当作资料的简单收集，不求甚解，一定要从内心深处认识到创新的重要性，要立下献身新闻事业的雄心壮志，并以此为指引，不断尝试进行革新和探索。

一般来讲，记者的创新意识与创新思维，就是指记者对于时局的洞察能力，对于实时资讯的感知能力，以及对于新技术和新手段的掌握与运用能力等。

首先，全媒体记者要善于观察，观察一切对于自己的工作有帮助的微小事件，善于把不同事件中的规律总结出来。同时，还要善于观察与自己职业相关的各项政策与制度的变化，要时刻注意，国家与社会最为提倡的观点是什么、新的要求是什么，社会的热点是什么，而社会最反对、群众最抵制的又是什么。记者只有对以上内容了如指掌、烂熟于心，才能顺应时代潮流，并在此基础上激发自己的创新意识与创意灵感。

其次，全媒体记者要善于深入调查，在遇到新事件时，不要仅仅注意表象，要通过不断地深入调查，逐渐提升自己透过现象看本质的能力。一方面，要善于从多个事件中发现典型事件，以此积累素材，积累情节；另一方面，要善于从宏观事件中提炼主题、升华思想，在真正掌握和了解各方面信息后，能够更加顺利地提出发人深省的问题，总结出更加普遍的规律，并以此为源头思索出更具创新性的新闻要点。

最后，也是最为重要的一点，记者要不断丰富自己的知识储备。不断学习的过程，也是拓宽眼界、开拓视野、转变思维的过程，只有长期积累，才能为日后的创新夯实基础。一方面，记者要尽可能多地掌握一些理论知识，不论是国内的知识还是国外的知识，都要广泛学习，同时也不要拘泥于某一领域，可以广泛涉猎人文、历史、地理等方面的知识，通过横向与纵向比较，为自己的创新意识提供更多原动力；另一方面，要学会用整体性思维和辩证性思维去认识事物，这样才能让自己的视野更加开阔，从更高的层次捕捉到更有价值的新闻。同时，记者要具备聚合的能力。聚合，指对不同知识与信息进行整合与加工的活动。在经过聚合后，一些信息或许会产生不同的反响。

（二）培育多媒体整合传播策划能力

全媒体记者要提升对于多媒体的整合传播策划能力，以提高自身的专业能力与实践能力，从而更加顺利地完成一系列新闻工作。而培育多媒体整合传播策划能力的关键在于内容策划与介质分发，只要把内容策划与介质分发这两个维度最好，可以说记者的全媒体目标就已经实现了一半。

内容策划，指记者对新闻事件内容的策划，这要求记者具备发现信息的能力、整合信息的能力以及多媒体信息的采集、管理、加工和发布能力。

介质分发，指记者要能够正确、精准选择传达信息所运用的渠道，用合适的媒介进行信息发布，从而使受众更快速、更全面地获知信息，以此提升新闻报道的传播效率。

全媒体记者要在对多媒体不断整合与学习的过程中，不断加深自己对于新闻的理解，要明确当代的新闻与 20 世纪的新闻已经不可同日而语。这是由于 20 世纪科学技术与信息传播手段并不发达，多数新闻仅通过传播媒介传播，这种传播效率较低，也仅仅是一种单向性的传播，而记者也只是一个信息采写者，只需要采写到充足的信息，交给编辑部即可，并不需要做其他工作。如今，新闻传播在新媒体时代下发生了一场重大的革命，新闻贴近生活、贴近受众，记者的工作内容也逐渐丰富起来，记者要完成采访、写作等工作，还要在将资料上交后，继续进行接下来的工作，包括在互联网社交平台发布相关消息，与编辑部进行沟通，甚至也要与受众进行互动。

总之，记者不仅是新闻的生产者，更是新闻的发布者、沟通者、协调者，记者要与广播、电视、电脑网络和手机等媒体的编辑沟通协调，所以还要善于利用电脑网络、手机等多渠道获取受众的反馈意见，与受众互动，发挥受众的积极性和创造性。

（三）培育采制融合新闻报道的业务能力

融合新闻报道，指不再拘泥于一种形式，在同一则报道中，融合文字、图片、音频、视频等多种形式的新闻报道。全媒体记者必须能够运用自己的专业能力与充足的素材，采用合适的方式对不同内容进行报道。

对于具备采制融合新闻报道的业务能力的记者，澳大利亚奎恩博士称之为“全能记者”，而“全能记者”又被分为三个层次：第一个层次是一个记者能够用手机对突发事件进行报道；第二个层次是一个记者能够在一天内为网站写稿，又能提供视频和博客新闻，还能为报纸写稿；第三个层次是一个记者能够为报纸写深度报道，又能够为电台、电视台做纪录片。“最理想状态就是，传媒集团能拥有所有这三个层次的记者。”中国人民大学教授蔡雯曾介绍过美国一名女电视记者一天的工作情况。她表示，作为一名记者，必须要迅速判断不同新闻事件与不同媒介契合的新闻价值点，并据此快速成稿。换句话说，由于新闻事件的特性不同，应当采用的表现形式也是不同的。例如，美国有线电视新闻网（CNN）全媒体战略的实施，依靠的是优秀的记者队伍及新闻制作团队。CNN 记者往往独当一面、一人多能，能够担负多个 CNN 平台的新闻采集工作，还具有独立编辑、独立审查、独立播出的能力，他们不只为某一个特定节目做报道，还能为 CNN 不同频道和不同平台提供相关报道。又比如，有时一个重要新闻现场虽然只派一个报道记者，但辅以多个摄像师，从不同角度拍摄；各栏目的定位不一样，处理的方式也就不同。记者为了满足各频道、各栏目的不同需要，在现场深入采访的基础上，往往要制作多条长短不同、角度不同的报道。根据观众的需要，各个栏目的制片人从“故事菜单”里为各自的频道挑选素材，以此大幅度降低新闻节目的制作成本。对于同一新闻题材采写多篇适合不同媒介传播的稿件，甚至还需要拍摄和剪辑图片、拍摄视频新闻，这是全媒体记者不得不面对的现实和新闻报道发展的方向。

（四）培育在专业领域深度拓展的能力

在人们的一般印象中，记者要记录和报道各种事件，而他们所报道的新闻事件往往涉及范围很广，很可能涉及天文、地理、民生、风俗等各个领域。于是，社会中逐渐出现了这样一种看法，认为记者必须要精通各个领域的专业知识，假如记者的知识不够扎实，他们对新闻事件的报道就不够专业，很可能会对大众产生严重的误导。以上看法具有一定的正确性，然而谁也不可能精通所有领域、所有专业的知识，毕竟每个人的领悟力与学习能力是有限的。

所以，对好记者的要求不应过低，但也不应过高，记者需要做到的是“一专多能”，即记者要深入了解某一领域的知识，在该领域具有比较深的造诣，同时，对其他相关领域的知识也应有所涉猎，最起码不算“外行”。例如，一名记者在多年的采编工作中，经常接触教育与科技领域的信息与知识，他也就成为这两个领域的“半个专家”，同时他也应当对与教育、科技相关的领域的知识有一定的了解。

这是融媒时代公众对记者提出的更高的要求，所以记者应当不断提升自己在专业领域的专业水平，也要不断拓宽专业领域之外的知识面，只有这样才能朝着全媒体记者不断发展，才能在新时代下发出更具权威性的声音，产生更大影响力。

（五）培育在工作网络上多向延伸的能力

在新媒体领域，对信息的要求更加严格，信息不能是凭空捏造的，只有具有真实性与可靠性的信息才是全媒体记者所需要的。所以，记者应当努力去拓宽自己获取信息的渠道，通过接触不同的人与事，通过不同的方式和方法，获取更丰富、更多样的资讯。

全媒体记者要着力打造自己的新闻网络，要善于交流，善于与社会各界人士交往，并在交往活动中逐步建立起双方互信的关系，从而获取有价值的信息。但是也要注意，一些人在面对记者时总会有比较强的戒备心，这与记者的职业特性有关，所以记者在与他人的交往中不要过于急功近利，要与他人多沟通，尽可能获得他人的信任与支持。

全媒体记者还要善于利用社交媒体软件构建社区网络，以便更快速地获取各方面的资讯和一手资料，同时更加深入地了解受众的日常消费习惯与日常需求，总之，这种多向延伸的能力对于记者的职业发展有百利而无一害。

（六）培育良好的职业道德素养

无论哪种职业，都有其应当具备的职业道德素养。例如，作为一名教师，要具备甘于奉献与团结协作的精神，更要有对学生的关爱；作为一名科研工作者，要具备不辞辛苦、争创一流、精益求精的精神。同样，作为一名全媒体记者，要认清自己职业所需的职业道德素养，并以严谨的态度将其落到实处。

记者由于其工作特性，常与外界发生联系，接触的人员比较烦杂，接触的事件也比较烦琐，越是在这种情况下，记者就越应当充分认识到自己肩负的责任与义务。全媒体记者要自觉遵守新闻职业道德规范，传播正能量，所传播的内容要与社会大政方针保持一致；要增强职业道德意识，努力增强新闻报道对社会教化的良性影响；要提高职业道德素养，以严肃的工作态度、严谨的工作作风，把正确的新闻观落到实处；以客观事实为准绳进行报道，拒绝金钱诱惑，抵制虚假新闻，讲究一切从实际出发，写脱离实际的文章可能会带来一时的热度，但这种做法绝不是长久之计。

另外，新闻工作者的工作往往存在较多不确定性，充满变数，在工作中难免会遇到一些困难，必要学习老一辈新闻工作者的劳模精神，不怕苦、不怕累，具备无私奉献、吃苦耐劳的劳模精神与敬业精神。有时，记者为了得到一条具有较高价值的消息，很可能彻夜守候在某一地点，甚至没有吃饭与休息的时间。假如记者缺乏敬业精神，很可能会与有价值的新闻消息失之交臂。

总之，一名全媒体记者必须要认清自己工作的特性，敢于迎难而上，发扬不辞辛苦的精神，同时要保持优良作风，在工作中善于观察和思考，以求真求实作为新闻报道的准则，做一名真正的合格的全媒体记者。

第二节　融媒时代下的新闻传播策划

一、新闻传播策划的概念

新闻策划是新闻传播学中的一个概念，一般可以从狭义和广义两个维度对其进行定义。前者指对新闻报道进行的策划；后者指包含新闻媒体策划的对象，即受众对象、管理模式等在内的策划活动，其涵盖的内容比狭义新闻策划更广，属于一种站在更高视角上的整体的、宏观的策划。

我们一般所谈的新闻策划指的是狭义的新闻策划，但是随着各项技术、各个领域在新时代下融合脚步的逐渐加快，人们已经开始将注意力更多地转移到宏观的新闻策划之上。

下面为叙述方便，我们以电视新闻的策划为例，对融媒时代下的新闻传播策划进行相关论述。

二、策划与新闻传播策划

中国的媒体事业起步于 20 世纪中叶，当时国内各项技术还不成熟，不过已经于 1958 年初步形成了第一家电视台，并在特定时间播出节目。时至今日，中国电视事业已经走过了 60 多年风风雨雨，在这几十年的风雨变幻中，中国电视事业经历了从初步形成到走向成熟的显著变化，尤其我国开启全面深化改革后，改革涉及我们生活的方方面面，当然也包括电视事业，可以说，电视新闻从传播理念到传播形式都发生了巨大的转变。

新闻是电视节目中不可缺少的重要内容，一方面，新闻受众极广，通过新闻传达资讯，有助于社会各界人士快速、全面了解国内外发生的大事件，其具有高效性与普及性；另一方面，新闻往往能够影响社会的价值倾向，新闻报道能够营造出一种更为积极、更利于当代社会发展的氛围，推动社会的发展与进步。如若希望更好地发挥新闻的价值导向作用，传播策划的重要性则显得尤为突出，新闻策划是新闻制作的重要环节，学术界与传媒界对此所进行的研究也向来是不胜枚举的。

一般来讲，新闻传播策划包含五个方面，分别为主题、体裁与风格、单元结构、任务描述、分工与计时。主题的选择是新闻传播策划的基本前提，只有明确、切实的选题才能取得更好的传播效果。对于同一选题，可以选择从不同的角度入手，从而实现新闻价值的最大化。体裁涉及报道的性质，风格涉及文章内容的外在表现形式。单元结构是新闻的内在结构，分工与计时是对新闻传播策划各项步骤的安排和调整。

（一）新闻传播策划的必要性

新闻传播策划保证新闻报道工作能够顺利完成并取得预期效果，所以初期策划与中后期对策划的调整都十分重要。

首先，新闻传播策划有利于电视新闻更好地适应当代发展，提升电视新闻的竞争力。进入21世纪之后，多媒体技术有了极大发展，与传统媒体相比，无论是传播形式还是传播内容都判若云泥，多样的新闻传播形式给电视新闻传播带来极大冲击。但是，机遇往往与挑战并存，如果电视新闻能够将新闻传播策划做好，也能够实现“弯道超车”。例如，电视新闻可以借用主题报道本身具有的关注度、重要性、参与性，最大限度地开发新闻资源，发掘新闻价值，从而取得更好的新闻传播效果。

其次，新闻传播策划有利于社会效益提升。在进行新闻报道时，如果不提前进行比较全面的策划，只会使整个报道显得平庸，缺乏影响力，无法真正激发受众的兴趣，只会让受众感到乏味，无法引起其内心的共鸣。假如提前进行比较全面的策划，找到受众所关注的点，则更容易制作出成功的新闻报道，也更容易带来一定的社会效益。

再次，电视新闻传播策划是媒体塑造精品、实施品牌战略、赢得自身良好发展的需要。在愈来愈激烈的竞争环境中，电视媒体必须树立品牌意识，讲求品牌效应，这就必须从新闻策划开始，塑造精品。

最后，新闻传播策划有利于推进新闻行业的稳步发展。与时俱进是任何时代和任何领域的主题，新闻行业也处于不断发展和变化之中，在进行新闻报道前，首先进行比较全面细致的策划活动，有利于推动新闻行业本身的发展。

（二）新闻传播策划的特点

新闻传播策划的特点有创新性、前瞻性、可行性、系统性四点。

1. 创新性

创新是行业发展并取得新业绩的必经之路，在新闻事业发展中，创新永远是第一要义，是新闻事业发展的“灵魂”与“活力之源”。新闻工作者要通过对过去的新闻节目的研究与总结，从中找到新闻节目的发展规律与运作规律，并找到需要做出变化和改进的环节，加以创新。

2. 前瞻性

新闻传播策划具有一定的前瞻性，就新闻本身而言，其一定要具有“新”这一特征。在进行新闻传播策划时，记者要凭借自己敏锐的观察力与更宽广的视野，更快速地捕捉新的热点，在掌握不同事物与事件发展规律的基础上，做到先发制人，从而快速地完成新闻事件的采写。

3. 可行性

新闻传播策划的创新性与前瞻性固然重要，但是假如脱离了实际，不结合实际情况谈问题，新闻也就失去了它原有的意义与价值，受众也不会买账。所以，在进行策划时，记者既要有敏锐的战略眼光，时刻关注可能发生的情况，还要结合目前的实际情况，结合当下的情境，包括社会条件、物质条件、政治环境等，在所要报道的新闻内容与以上实际条件相一致的基础之上，进行资料收集与报道。

4. 系统性

系统性指策划者要对整个活动有一个宏观的把握，使策划活动的各个环节紧密联系起来，形成一个系统，做到环环相扣，不因过度追求新闻时效性而使新闻失实，也不放弃任何可靠的新闻讯息。可见，系统性对于新闻传播策划工作是十分重要的，新闻工作者必须改变过去单一的思考模式，学会进行多层次思考与规划。新闻工作者需要统筹全局，对报道相关的各方面事宜了如指掌，要了解报道形式、人员配置、播出方式、效果评价等内容，以此制定更加系统可靠、切实可行的规划。

（三）新闻传播策划的对象

许多人或许认为新闻传播策划的对象仅仅是电视新闻报道，事实上新闻传播策划的对象不只包含这一方面，还包含新闻节目宣传片等包装、新闻节目的特技运用、主持人形象艺术包装等。

1. 电视新闻报道策划

关于电视新闻报道策划，要注意如下几个要点：第一，所选择的题材不能与广大受众距离过远，要贴近生活。电视新闻报道的内容应是受众能够看得见、摸得着的，这样才能更好反映民生状况，获得更好的反响；第二，电视新闻报道策划的前期准备工作要保质保量完成，各项工作要完全按照策划方案的要求进行；第三，要制定不同的策划方案，每项活动其实都蕴含着一定的不确定性，没有任何策划能做到百分之百不发生改变，所以新闻工作者必须提前制定出两到三套不同方案，假如在工作中遇到了突发紧急情况，不至于没有应对措施，这也是为了给新闻报道工作的顺利完成多提供一份保障；第四，新闻报道结束后并不意味新闻传播策划工作完全结束，新闻工作者需要及时反馈和总结遇到的各种问题，并对这些问题进行集中统一处理，找到问题的关键，分析和归纳出解决问题的方案，从而提高今后新闻传播策划的成功率，提升工作的质量。

2. 新闻节目宣传片等包装

一个新闻节目，不仅新闻内容要具有看点，新闻节目的形式也要美观。这是因为，即使新闻节目的内容具有真实性、时效性，与受众联系也比较紧密，但是如果缺乏美观的外在形式，就不能更好地吸引观众，或许也就无法取得预想的效果。只有鲜明的主题、完整的内容、美观的包装统一起来，才能使新闻节目取得更好的效果。另外，需要注意包装不应过于复杂，一定要与新闻内容协调一致。

3. 新闻节目的特技运用

说起特技，人们肯定会联想到各种动作电影等，事实上在新闻节目中也可以运用特技。特技并不是电影的专属，合理运用特技能够给新闻节目增添一定的色彩。传统电视新闻仅依靠口述，加上一些视频和图片来进行报道，如果在视频中加入特技，可能会更加全面真实地向观众展现新闻现场。例如，在新闻中展现犯罪现场时，可以加入一些特技，模拟当时的场景、气候、景观、氛围，增强新闻的传播效果。

4. 主持人形象艺术包装

每一档电视新闻节目都需要有主持人，观众在了解新闻事件之前，首先看到的是主持人，主持人可以说是新闻节目的“门面”。当我们观看节目时，如果看到形象得体、仪表端庄的主持人，不仅可以获得视觉上的享受，还能更加信任其所报道的新闻内容。

关于主持人的形象包装，需要注意如下几个方面。第一，主持人的服装与发饰。主持人的服装要简洁大方、大小适中，不宜过大或过小，颜色要协调，不宜选择撞色效果过于突出的服饰。发型要简单，女性可以进行颜色饱和度较低的染发，男性不许染发。第二，主持人的措辞与语态。主持人要注意自己的语言，不可以出现粗俗用词，用语要专业，语速适中，不宜过快或过慢，音调也要适中，否则会给观众以刺耳之感。第三，主持人的动作要端庄大方。良好的言行是主持人的必修课，主持人的动作稍有不当，轻则会给观众留下不良印象，重则影响节目的效益。在近些年的新闻节目中涌现出一批又一批的优秀主持人，如白岩松、撒贝宁等，他们都给观众留下了十分良好的印象，客观、责任感是他们的代名词。所以，主持人形象艺术包装对于新闻传播策划十分重要，是增强新闻效果，提升新闻的社会效益与经济效益的重要途径。

三、融媒时代对新闻传播策划的影响

进入融媒时代，人们使用互联网不再像以前一样，需要一台“庞大”的计算机，而只需要一部手机、一台平板电脑，或者任意终端即可。因此，受众获取信息的渠道更加多样，获取信息的速度也更快，随时随地都可以获取资讯。同时，受众能够运用各种软件，在不同平台上发布消息，进行评论，这使得从前单向单一的信息传播形态开始转变为双向多元化形态。人们获取信息更加容易，这就使得新闻报道的价值在某种程度上开始降低，不过这并不意味新闻失去了应有的意义，只是需要在融媒时代下做出适当调整，以更加适应当代媒体的发展趋向。

（一）信息来源多元化

过去电视新闻线索来源可以划分为两大部分：一是通过每个新闻节目固有的热线电话获得，二是靠记者走出去扛着摄像机拍摄获得。如今，新闻信息来源更加多样，不再仅限于热线电话和外出采访，而有了其他的方式，极大提升了记者获取信息的便捷性和渠道的多样性。

1. 新闻线索的获得不再仅仅依赖热线电话

由于以往互联网并不发达，许多新闻线索都是通过群众的热线电话获得的，群众在日常生活中会向新闻工作者传达各种消息，而新闻工作者对这些信息进行筛选，并进行加工以编辑成新闻。

21 世纪之后，随着互联网的崛起，新闻工作者在搜集新闻线索时，更加注重在互联网上的交互，注重各种软件的使用，如微博、微信等，这些软件能够快速传递信息，成为新闻工作者获取线索的重要来源。想必许多人都已经意识到，如今社会中发生某事件，还未等电视新闻进行播报，人们已经通过互联网终端获取了相关信息。例如，人们正常在高速上开车行驶，假如出现了堵车情况，就可以通过相关软件查询前面路况，车主可以在相关软件上发布消息和获取消息。

2. 新闻素材不再只靠记者采访收集

在传统媒体时代，记者时常要外出走访，无论是炎热的夏季还是寒冷的冬季，记者都要出去采访，十分辛苦，而且还要扛着沉重的摄像机，这对他们的体力是一种考验。假如记者没有及时赶往第一现场，或者忘记携带相关设备，那么可能就与新闻资讯失之交臂了。另外，假如遇到突发事件，记者无法及时赶往现场，又或者现场距离记者过远，记者无法拍摄到相关画面，或无法搜集到相关资讯，就无法完成工作，这样看来，传统的收集新闻素材的方式对记者工作有较大的限制。

不过，如今的新闻素材的收集方式已经有了极大改进，记者有时出于各种原因，无法亲身赶往现场，但是可以通过各种软件获取一手素材，并迅速经过整合与编辑，形成新闻资料。之后，记者再运用自己的渠道将其发送到互联网上，可以说，足不出户就能实现的资讯的获取与分享，极大提升了新闻产品的生产效率与传播效率，实现了新闻传播策划的划时代转变。

（二）内容选择多元化与真实性缺失

在传统媒体时代，新闻报道的内容以时政、外交、经济、军事等为主，具有明确的价值导向，符合我国社会发展的价值观，但是其受众并不是很广，观看时政新闻的人群普遍为中年男性或老年男性，女性占比甚微。但是由于人们观看新闻、获取信息的渠道单一，许多人不得不选择观看电视新闻，新闻工作者也无须担心收视率的问题。进入融媒时代，人们获取新闻的渠道显著增多，任何软件都有可能给群众提供足量的新鲜信息，电视新闻发展面临挑战。于是，许多电视新闻开始进行变革，在保留时政新闻的同时，增添其他方面的资讯，如民生热点新闻、时尚达人新闻、文化演出新闻等。可见，如今的电视新闻已经转向以观众为主，这也体现了当代新闻节目内容多元化这一特征。

但是，随着人们获取信息渠道的增多，信息传播者和生产者的门槛也显著降低。群众甚至在马路上就可以生产新闻信息，如马路上突发车祸、有人当街被打、美联航赶乘客下机事件等，这些事件经过网络发酵很可能就成为一则新闻。此外，还有许多信息存在着零散、真实性极度缺失等特点，很容易对受众形成误导。这一点也需要有关部门提起注意，并加大监管力度，否则新闻将丧失其价值导向的意义。

（三）受众流失

以前的电视新闻传播形式比较单调，观众只能在电视机前默默观看节目，在观看过程中产生任何想法，有任何意见或建议，也无法直接反馈给节目组。这种传播只能是一种单向传播，观众只能被动接受信息。这种电视新闻传播形式比较传统，也比较枯燥乏味，其受众未减少，主要是因为在那一时期并未出现能够代替电视新闻的新形式。

刚刚进入 21 世纪时，许多家庭增添了电脑，人们可以运用宽带上网，在电脑上查看各种新闻，如新浪网、搜狐网、雅虎网都是当时人们的选择。21 世纪第一个十年，尤其是在 2012 年之后，手机技术与各种应用软件取得了迅猛发展，各种移动便携终端开始取代了电脑的位置，人们甚至可以运用手机、平板电脑等随时随地获取新闻资讯。这种新闻获取方式体现出明显的时代性，既保证了效率——受众能够对信息资讯进行实时获取，又保证了互动性——人们可以在手机上通过各种软件与新闻节目组联系和互动，如微信公众号、微博等均可以实现这种双向互动。可见，如今新媒体的互动性与传统媒体的单向性形成了强烈反差。因此，观看电视新闻的人愈来愈少，原来热衷于守在电视机旁观看新闻的人已经找到了“第二阵地”，人们开始用手机看新闻，用抖音、快手等软件看新闻。

（四）受众参与性增强

融媒时代最为显著的特征即互动性与参与性，人们不再单向被动地接收消息，可以与新闻工作者进行交流，新闻工作者能够从受众那里获得反馈，受众能够给予新闻工作者更多有价值的信息。

虽然传统新闻媒体也有与观众的互动，但是仅存在于极少数节目中，而这种互动也只是通过电话与短信形式进行。例如，在某些节目中会有“欢迎来电垂询”等用语，这都是传统媒体与受众互动的体现。

进入融媒时代，受众的参与性比以往任何时候都更强，一方面，各项技术的发展给了人们参与新闻传播活动的物质基础，在传统媒体时代，即使人们想要进行互动，也受限于当时的技术水平，无法真正做到；另一方面，人们有了更多想去参与新闻节目的意愿，人们有了更多的主见，由于生活节奏加快，心理压力加大，人们希望通过一些平台表达自己的看法。

关于互动平台，比较常见的有微信、微博，此外还有许多其他软件，这些互动平台普遍成本更低，效率更高，实时性更强，能令受众产生十分强烈的参与感，实现新媒体与传统媒体划时代的发展变化。

（五）对经典传播理论的挑战

1.“沉默的螺旋”理论的解构

“沉默的螺旋”一词最早由德国学者伊丽莎白·诺尔-诺依曼在《传播学刊》上发表的论文中提出，后来其在著作《沉默的螺旋：舆论——我们的社会皮肤》中对其概念进行了完善。这个理论指出，受众会先对社会上的舆论环境先有所了解后再发表自身的想法，在了解到自己的想法和社会上的想法一致的时候，就会更加有力地表达自己的观点；但是当自己的想法和社会上大众的想法有所区别甚至相反的时候，在不想被社会排斥的时候，就会选择默不作声或者赞同其他人的想法。如此一来，这一部分人由于处于弱势便沉默了，使得另外的群体变得越发强大，导致有优势的意见被强化，成为主流意见，形成一个螺旋式上升的过程。

导致“沉默的螺旋”形成的重要原因是受众得到信息的途径比较单一，大众普遍把媒介上传播的观点作为一种大众观点。传统媒体时代，新闻传播方式是较为单一的，大众更容易变得“沉默”。融媒时代极大地拓展了信息传播的渠道，传统媒介不再是仅有的信息来源，受众可以同时使用各种各样的网络平台来发表自己的意见和想法，同时由于网络存在匿名的性质，使得人们在发表自己的想法之后不用担心遭到言论的批评。并且交互式的传播，使得人们在快速广泛的信息交流中掌握了主动权，寻找观点一致的“伙伴”变得不再困难，这也就使得受众不会再轻易陷入“沉默的螺旋”。

2.“议程设置”理论的解构

“议程设置”理论最早出现于美国，由传播学者麦库姆斯和唐纳德•肖提出。该理论认为，大众媒介虽然不能够决定受众对于一个新闻事件或社会现象的看法，但是可以通过在某一时间段内有计划地突出报道某些信息来左右受众思考的内容，这种报道或者话题的设置就是议程设置。在传统媒体时代，以报纸、杂志、广播、电视为媒介的传播形式占据社会传播的主流地位，议程设置是这些媒介影响社会的重要手段。

然而，融媒时代的到来颠覆了传统的信息传播模式，不断进步的技术打破了内容生产的壁垒，使得生产新闻内容的成本越来越低，同时信息传播的时空格局也被改变，出现了信息大爆炸的态势，内容资源由传统媒体把关主导的“匮乏状态”向“丰裕状态”转变。如今，人人都可能成为信息的生产者和接收者，因为网络的诞生大大提高了信息传播的参与度。融媒时代突破了传统大众传媒的局限，人人都能够参与信息传播，影响公众舆论，这些公众舆论又将汇聚成一股强大的公共声音，在更广泛的范围内引起共鸣。如果是在以往，在传统大众传媒占绝对主导地位的条件下，信息的筛选是极其严格的，一些不实消息或是琐碎冗杂的信息片段即使传播开来也是在小范围内产生影响，而现在，任何消息都有可能流传开来，这无时无刻不在冲击着传统的大众传媒。

3. 融媒时代“把关人”的变化与缺失

“把关人”（“守门人”）理论是由美国传播学者库尔特•卢因在 1947 年提出的。在大众传播媒介之中，“把关人”的存在是必不可少的，还包括允许传播的相关规定和传播渠道。这些都曾在其著作《群体生活的传播管道》中有所论述。此外，资深传播学者邵培仁进一步论述了其功能：一是对传播信息进行充分审查，确保信息的高质量；二是进一步加工已经传播的信息；三是给出带有评价性和指示性的总结，给出自己的角度和立场；四是对良莠不齐的信息进行筛选区分，让优质信息广泛传播，引导公众提高信息筛选能力，营造风清气正的信息传播氛围。

然而，“把关人”特殊的社会定位决定了其对个人水平的要求较高。融媒时代信息繁杂，互联网上充斥着各种各样的信息，新媒体的迅速崛起一改传统信息发布放射状的结构，信息量指数级增长。在这种情况下，“把关人”这一角色必须具备更高的水平才能发挥其功能，水平不够的网民会因为缺乏必要的信息筛选能力而难以胜任“把关人”的角色。

四、融媒时代新闻传播策划的发展趋势

一直以来，电视新闻都代表着社会的声音、时代的声音、国家的声音，可以说电视新闻引导着社会价值观的发展方向，各种各样的新闻节目、公益广告对社会和谐发展都具有一定的积极作用。无论是影响力巨大、受众广泛的国家级节目和省级节目，还是各个地方的区域性节目，都可以引导社会的舆论。然而在融媒时代下，传统的电视新闻接连受到挑战，从前的方式已经难以适应当代社会的发展，新闻传播策划必须根据时代发展的特点，做出适当改变，以顺应社会发展的潮流和趋势。

（一）内容资源多渠道整合

1. 建设“中央厨房”

“中央厨房”是主流媒体为了满足受众多样化的信息需求，提高新闻内容生产力，而架构的新型的技术保障和硬件基础体系，其目标是使新旧融合，通过一次采集使内容能够达到多种形式生成和多元发布的目的。大数据以及云计算技术愈发完善，可挖掘大量的资源以及进行信息汇聚，“中央厨房”的建设探索成为融媒时代的焦点，各大媒体先后探索建立“中央厨房”。

2. 建设融媒体云平台

云技术是近些年比较热门的一项新技术，更是许多年轻人口中的热词，云平台是依靠云技术建立的一种信息数据储存和交流平台，一方面，云平台能够实现大量信息资源的储备与融合，能够大量挖掘有用信息；另一方面，云平台可以实现不同用户、终端的资源互通和共享，促进有价值的新闻信息的传输，从而指引新闻传播策划未来发展的新方向。

3. 内容生产个性化

当今社会，人们的知识面越来越广，受过高等教育的人越来越多，人们对于信息质量的要求也越来越高，许多传统的新闻资讯在从前或许会令人感觉耳目一新，但如今人们已经有了更多的个性化需求，这种资讯已经无法满足人们的需求。

所以，融媒时代的电视新闻要在内容上下足功夫，尽量做到差异化、个性化，以迎合不同口味的人群，要把新闻当作一个又一个的产品，把受众作为购买产品的消费者，适当换位思考，从而提升新闻质量，保证新闻内容朝着个性化的方向发展。

（二）新技术带来新体验

在融媒时代，互联网成为时代的主题，互联网给了许多普通人站上舞台的机会，人们

能够以互联网为平台，运用各种软件，进行个人直播，甚至还能通过手机结合电视进行联动直播。可见，技术的革新是传媒新形式产生的前提，尤其是随着5G技术实现质的飞跃，手机的传输效率获得极大提升，这也更促进了社交、电商等各种新元素与传统媒体结合，以上各种丰富的新元素给人们带来了新的体验。

（三）社交元素融入成趋势

以前的电视新闻传播的只是单纯的新闻资讯，如今在电视新闻中融入社交元素已经成为一种趋势。对于电视新闻来讲，其最大的缺点和不足就是缺乏用户黏性，即用户可以选择看新闻，也可以选择不看新闻，电视与用户之间没有过多牵绊，假如受众临时有些其他安排，会直接选择不观看节目。而大量社交软件则具有比较强的黏性，如微博、微信以及其他类似的软件，这些软件能够“拴住”用户。用户无论身处何地，无论繁忙还是闲暇，总会抽出一点时间对各种信息进行回复，也会时不时“刷”一下热点和新闻。可见，与社交软件相比，电视与用户的连接紧密度较低。在电视的未来发展中，应当针对这一不足，尽量增强与用户之间的黏性，从而提升电视新闻的收视率，提升社会效益与经济效益。

第三节 融媒时代新闻资源的开发与利用

在传统媒体时代，新闻资源固然重要，但新闻工作者获取信息的方式与敬业程度也十分重要，假如其无法在第一时间赶到新闻事件现场，很可能就会错过一手资源。

在传统报道环境下，记者获取新闻线索的渠道相对单一，信息源头传播到记者那里经历的时间也相对较长，信息丢失较多，清晰度降低，许多记者在获取报道主题后仍不能开展工作。

而融媒时代的融合报道具有明显的不同。通过新媒体手段获取的信息使后续的报道拥有更明确的指向性和目标感，报道效率得以提高，借助新媒体平台完成对信息的核实和挖掘也同样保证了新闻的时效性。还应该注意的是，越来越多具有新闻价值的信息更容易在新媒体上涌现，更多的新闻信息将被挖掘出来，原来许多根本不可能被曝光的事件现在也有了时效性一说。融媒时代融合报道的诞生和发展赋予信息传播一种新的可能。基于更快捷、更新的传播技术平台，加之受众自主性的提高，受众与媒体进行了更全面的互动，甚至受众自己也充当着传播者角色，信息的传播呈现即时化的特点。新闻信息的传播从一定角度看不再需要“等待”，进一步提高了融合新闻传播过程的时效性。

融合媒体环境对新闻显著性价值的改变首先体现在显著性外延的拓展上。简而言之，融合媒体环境所带来的新的社交平台及广泛应用的自媒体工具，拓宽了名人报道的渠道。这种拓宽不仅体现在原有的机构媒体能更便捷、更多方位地报道名人新闻，还体现在名人有了私人化的发声渠道，能随时随地进行“自我报道”。融合媒体环境使传统的新闻显著性有了更多的实现空间和呈现形式，显著性的外延被大大拓展。

如今，我国已经进入信息化时代，网络技术不断发展，大众对新闻信息的需求不断变化，各大传媒机构之间的新闻竞争日益激烈。新闻竞争的首要表现即为新闻资源的竞争。可以说，新闻资源是新闻报道的生命线，如何准确把握新闻报道的方向、充分利用新闻信息资源，是当前形势下提升新闻宣传质量、提升自身竞争实力的重要课题。因此，笔者下面将对新闻资源展开简要介绍，并对当前形势下新闻资源的开发、利用问题进行详细分析，希望能为广大新闻媒体工作者提供一些有价值的理论参考，以便充分利用新闻资源，提升新闻传播价值。

一、对新闻资源的基本认识

想要做好新时代新闻资源的开发与利用，首先要了解新闻资源，掌握新闻资源的本质与特性，以便更好地认识新闻资源。

新闻资源，指对于新闻工作者具有帮助的，能够成为新闻报道内容或者有助于构成新闻报道的资源。可见，新闻资源并不拘泥于一种形式，新闻资源可以是各个领域的知识，包括政治、经济、军事、文化、社会、人文等领域的知识，无论是物质领域还是精神领域的资源，都可以成为新闻资源，其评判标准就在于是否对新闻报道有所帮助。

新闻资源的基础在于信息，只有具备足量的信息才能形成新闻资源，但是如果只是有一些杂乱的信息，也无法形成真正的新闻资源，搜集到的各种信息必须要经过整理与融合，才能形成真正的新闻资源，所以对于信息的整合就变得尤为重要，这是对新闻工作者专业能力的考验与挑战。新闻工作者通过特定渠道搜集到信息之后，先要对信息进行分类与鉴别，保留时效性、准确性较强的信息，剔除过时信息，随后对优质信息进行整合，然后进行发布。多数记者经过长期工作与实践，愈发认识到信息资源的重要性，如今记者内部也开始进行明确分工，不同记者要负责不同的行业、部门，通讯员负责提供新闻事实与稿件，获取工作报告等材料，最终实现新闻资源的有效整合与充分利用。

如今国内局势与国际局势都处在快速变动之中，社会上各种事件层出不穷。受众也深知 21 世纪是风起云涌的时代，每天社会中都上演各种“大戏”，一般的新闻信息已经无法使其产生共鸣。这就要求新闻工作者找到更加优质、更具特性的新闻资源，要把亮点、闪光点作为考察新闻资源的要点，否则新闻报道自然无法吸引受众。

二、媒体融合发展对新闻资源开发的影响

所谓新闻资源，是指新闻媒体从事新闻传播活动的社会资源，具体包括新闻信息资源——新闻媒体所拥有的新闻信息渠道及其产品，包括新闻提供者、新闻合作者、新闻线索、新闻稿件、新闻资料等；新闻环境资源——新闻媒体所依存的社会环境为新闻传播活动所提供的资源，具体包括政策环境资源、经济环境资源、文化环境资源等；新闻媒体资源——新闻媒体所拥有的新闻传播资源，具体包括资金、人才、设备、技术、载体、品牌、社会关系等；新闻受众资源——新闻媒体的受众对象，包括显在与潜在的媒体消费者，但对新闻传播活动最有价值的主要是已经作为读者、听众、观众存在的社会公众，媒体的社会影响力、广告吸引力依此存在。值得注意的是，所有这些资源都是不以人的主观意志为转移的。

新闻资源开发是新闻传播活动以及新闻媒体产业发展的核心内容，是由新闻媒体主体（媒体管理者、新闻传播者、媒体经营者等）自主设计和运行的一项系统工程。对新闻资源的开发主要包括以下这些方面：一是新闻资源的发现，这是新闻资源开发的前提与起点；二是对新闻资源的鉴别，这是新闻资源开发的战略决策基础；三是新闻资源的转换，这是新闻资源开发的必要中转环节；四是新闻资源的整合，这是新闻资源开发的统筹与优化策略；五是新闻资源的展示，这是新闻资源开发的成果表现策略；六是新闻资源的增值，这是新闻资源开发的价值提升策略。

第一，新闻媒体融合发展，新闻走向融合新闻，促使上述开发新闻资源的诸多重要环节发生深刻变化，客观上推动了新闻资源的深度开发。在融媒时代，新闻信源结构与新闻传播主体发生的变化拓展了新闻信息资源发现的渠道。在传统大众媒体垄断新闻传播的时代，为新闻媒体提供信息的主要是政府机构、社会团体和企业组织，采集与发布新闻信息的主要是职业新闻工作者及作为“准新闻工作者”的新闻通讯员。虽然不少媒体开设了热线电话，或通过来信来访渠道获取来自受众的信息，但这类信源在数量上远不能与前者相比，采用率也较低。新媒体的出现，使普通公民获得了从未有过的参与新闻传播的渠道，他们借助手机、博客、播客、BBS 等，发布新闻，表达观点。在全世界范围内，“草根记者”在重大突发事件现场发布的新闻一次次产生了全球性的轰动效应，从东南亚海啸到英国伦敦地铁爆炸事件，第一时间发出的现场新闻报道都出自普通民众而非职业记者。虽然专业媒体组织在新闻传播中依然占据主导地位，但不能否认的是，新媒体正在改变大众传播的面貌，个人对个人、个人对多人、多人对多人的传播网络已经形成，传者、受众一体化将成为新闻传播的主体特征。

第二，新闻媒体组织结构与工作流程发生的变化推进了新闻资源的整合和优化。新闻资源的整合是媒体主体根据多种或多项新闻资源之间的内在联系，进行统筹利用的一种行为，其目的是使这些资源发挥出的整体效果大于部分之和，从而具备系统效应。新闻资源的整合可以在多种层面上进行，包括在新闻报道活动范畴中的资源整合、在新闻媒体整体经营层面上的资源整合、在媒体集团化发展层面上的资源整合。这三个层面是由局部到整体、由微观到宏观的。媒体融合发展对三个层面上的资源整合以及资源的统筹优化起到了积极的推动作用。因为融合新闻在21世纪初出现，首先是以媒体之间的合作以及媒体组织结构与工作流程的改变为前提的。

第三，新闻载体性能与新闻传播方式的变化使新闻资源的展示与增值得以更好的实现。新闻资源的展示是新闻资源的价值与使用价值得以实现的一个必经阶段，也是媒体主体对新闻资源的价值认识、类型转换与整合运用的外在呈现。对新闻资源的展示通常有两个层面上的操作：一是新闻传播内容的展示，二是媒体自身优势的展示。新闻资源的增值则是对新闻资源的潜在价值进行进一步的挖掘，从而使价值获得提升的开发策略。新闻资源的增值中最引人注意的是新闻信息资源的增值，大体上有两种方式：一是以“产品链”模式使新闻资源获得增值；二是以“共享”模式使新闻资源获得增值。媒体融合发展，显然为新闻资源的展示和增值提供了更广阔的空间。

需要指出的是，与报纸、广播、电视这些传统的大众传媒相比，通过互联网传播信息的新媒体实现了载体性能的根本改变，普通民众能够通过发送手机短信、撰写博客日志、发起网络群聊，在任何时间、任何地点对任何人进行信息传播，因此从整个社会范围来看，新闻传播方式从传统媒体主导的单向式变为专业媒体组织与普通公民共同参与的分享式、互动式，大众传播与人际传播更加紧密地结合起来。这种新格局一方面造成新闻信息供给过剩，另一方面也促使人们对专业媒体组织整合、诠释信息产生了更多的依赖。相对于新媒体而言，在专业人才、传播经验和社会公信力等方面具有优势的传统媒体，更具备诠释新闻的资格和能力。但如果不注意通过与新媒体的融合扩充信息容量、改变新闻传播方式，传统媒体整合加工新闻信息的水平将很难提高。

随着技术的发展，网络媒体的融合功能仍在不断增强，接受与发布新闻的手段和方法也越来越多样化，新闻信息传播将普遍采用多媒体方式，最终在新的终端介质上实现听、读、看、写、说、录等手段的自由选择和组合，新闻传播体现出更加自由、更加人性化和更加方便快捷的特点，这为新闻资源的展示与增值提供了更好的基础，但值得重视的是，随着传播手段和方法的改变，对新闻传播内容进行整合加工的难度也越来越大，如何对内容精准定位、对表现方式适当选择、对传播流程有效地进行控制与管理，成为所有新闻媒体面临的新问题。

三、融媒时代新闻资源的有效开发与利用

曾几何时，记者想要发掘信息资源需要“走南闯北”，可谓“扛着相机走天下”，由于技术匮乏，这对记者的体力、耐力、毅力带来了很大的考验。即使有简单获取信息的渠道，也无非就是热线电话等方式，所以想要获取充足的、高质量的新闻资源十分困难。

进入融媒时代，记者收集信息的手段变得多种多样，此外，许多普通人也能够快速获取各种信息、各种资源。可以看出，人们收集信息的方式越来越多，速度越来越快，效率越来越高，而同行业对于开发与利用信息资源的竞争也愈发激烈，这也可以视为一种“内卷”，不过这也是不可避免的，是时代发展到一定阶段的必然结果。

如今社会中搜集信息的方式十分多样，除了传统的热线电话等方式外，还增加了多种基于互联网技术的信息搜集方式，包括借助网络媒体、社交平台等。在这种趋势下，各类媒体共享新闻资源，“一家独占，抢先发表”的独家新闻难以存在。

另外，当代获取新闻资源的门槛较低，许多普通人也许在不经意间掌握了一些新闻的一手信息，但是并不是每一个人都具备正确、完整地转述新闻信息的能力，很可能会造成信息的错误表达，形成以讹传讹的局面，当然也不乏有一些别有用心的人。对此，新闻工作者必须对新闻资源进行准确高效的审查，要做到对新闻资源的有效开发和利用，不能“眉毛胡子一把抓”，要善于分辨有用新闻资源与无用新闻资源，要认清两者的差异，只关注意义重大，对行业发展有益的资源，要把提升社会效益作为追求和目标，假如一味追求点击率，甚至做出虚假和夸大报道，只会降低人们对新闻媒体的信任感，更是对新闻资源的浪费。

因此，新闻工作者应当从如下几方面入手，以期实现对新闻资源的有效开发与利用，避免做无用功。

（一）适时开发新闻信息资源

凡事过犹不及是亘古不变的真理，在新闻资源的开发上这个道理同样适用，假如为了一时的热度，为了获取点击量而过度开发资源，虽然可能获取数量较多的新闻资源，但是传播效果却难以保证，毕竟在固定时间内，受众所能够接受的有效信息是有限，如果超出这一限度，只会让受众对新闻信息感到厌倦，使传播效果降低，事倍功半。

所以，在新闻资源的开发工作中，记者要掌握一个合理的“度”，一定要遵守适度原则，在需要“出击”时毫不含糊，在需要打磨已有新闻资源，不需过度获取杂乱资源时，要懂得“收手”。假如对资源一味开发，亦或一心只关注热点新闻和热点话题，而不顾及

新闻对于社会的意义，只会引来受众对新闻报道的厌烦，根本无法取得预想的成效。

记者要懂得适度开发，要学会更换新闻的主题，一方面，避免受众因为观看过多相似的内容而感到疲劳；另一方面，摈弃各种无用信息，对新闻进行精心策划，不能为了数量而牺牲新闻质量。另外，记者还要有一定的预见性，对新闻报道所能带来的效果，做出比较准确的判断，从而更快速地获取更加重要的新闻资源。

（二）明确划分新闻资源类型

对各种资源分门别类进行处理，有助于提升资源的利用率，在新闻资源这里同样如此。毋庸置疑，新闻资源涉及领域繁多，上至天文、下至地理，可谓包罗万象，无论是国内情况还是国际局势，都是应有尽有。如果不对新闻资源类型进行明确的划分，新闻工作者在进行更加细致的加工工作时往往会感觉焦头烂额，工作强度会更大，工作效率也会更低。

根据不同新闻资源的特性对其进行划分，一方面能够更好地展现不同新闻资源的价值与类型，另一方面还能够让人一目了然，新闻工作者在办公和搜索信息时也更加方便。例如，对于新闻资源，可以按照发生时间的先后顺序进行划分，按照涉及区域的不同进行划分，按照涉及行业的不同进行划分，按照涉及国家的不同进行划分，等等。可见，划分新闻资源的标准千差万别。新闻资源被划分类型之后，就好比学生对自己的书桌上的书进行了重新整理，方便自己的学习，想要复习哪些知识点，应该拿哪本书，一目了然。划分新闻资源类型，同样有利于新闻工作者接下来各项工作的展开，有利于新闻资源供给和新闻报道的衔接，有利于新闻工作者更好地开发和利用各种资源。

（三）精确提炼新闻信息

新闻信息在精而不在多，新闻信息产生的社会反响和社会效益，才是评判新闻资源价值的关键。可是在当代社会，部分记者追求短期利益，不注重提炼新闻信息，而是对部分事件大肆渲染，对某些情形断章取义，对社会产生了不良的影响，这不仅对新闻行业的发展是一种阻碍，对社会价值观也产生了错误的引导。

所以，记者要学会正确、辩证地看待新闻资源，并适度开发，要明确新闻价值和市场价值，所搜集和发布的信息必须要接受审查，要经受舆论的监督。如果新闻并不能经受住以上考验，发布之后也可能只会起到反作用。记者必须明确自己的义务，学会提炼重要信息，剔除无用杂乱信息。

（四）善于运用系统思维分析新闻资源

从前记者在发掘信息时，常常紧紧围绕某一话题、某一事件进行调查和思考，往往忽略了与其相关的其他因素，于是很可能不能全面地获取外界信息，系统思维能够很好地解决这一问题，帮助新闻工作者更快速、更全面地开发新闻资源。

系统思维是一种思考问题与解决问题时所运用的思维方式，也被称为整体性思维。该思维方式与孤立性的思维方式完全不同，讲究从整体出发，是我国古代乃至近现代许多思想家与哲学家十分善用的一种思维方式。例如，著名思想家老子认为世间万物都有特定的发展规律，万物都是一个整体，互相联系，互相影响。又例如，中医思想认为每个人都是一个有机整体，任何器官和组织都互相影响，"头痛医脚"也是此理。回到新闻事业中来，系统思维同样适用，新闻工作者在工作时也要具备这种系统思维，每当获取一些新闻资源线索时，要擅长对这些线索进行反思，善于由此展开联想，不仅要从常规角度去思考问题，思考事情发展脉络，也要尝试从其他角度进行多层次分析，从而获得更加丰富的新闻资源。这也是系统思维与固有思维最大的区别所在，系统思维具有极大的开放性、发散性，能够见微知著，帮助人们在一些细微之处发现更多有价值的信息。

在运用系统思维时，新闻工作者可以对新闻信息进行分类，将其分为两部分，第一部分是对客观事实的观念性陈述，第二部分是对所含新闻价值的理念性判断。对于第一部分，新闻工作者一定要将已知的信息更加翔实、真实地记录下来，把"实事求是"作为关键点。对于第二部分，新闻工作者要进行富有前瞻性的判断，这就对新闻工作者的专业能力提出了更高要求。或许刚刚入行的记者并不能十分娴熟地运用系统思维，仅仅能够把事实完整地记录下来，而无法做出各种理念性判断，但是也无须过于担心，要想做好新闻工作，需要经过漫长的修炼，工作的过程也是自我磨炼与专业能力提升的过程。

当今社会，各大媒体对于记者脑力的要求越来越高，每一位记者都应当具备一定的思考能力和推理能力，媒体的知识张力也愈发受到人们的重视。在知识经济的大背景下，受众越来越理智，对知识的渴求逐渐超过对情绪宣泄与消遣娱乐的欲望，简单化、表面化、平面化、老生常谈式的新闻报道越来越遭人厌弃，而那些具有独特视角、思维方式新颖、既有真知又有灼见的报道越来越受到重视。

第四节　融媒时代新闻传播形态的多元化走向

在如今这个信息爆炸的时代，各种信息不仅种类多元、内容多元，其传播方式与传播渠道也朝着多元化、全方位化的发展方向不断迈进。人们愈发注重自我个性的张扬与发展，愈发重视个性化的新闻信息，受众群体的多元化也要求传播手段、传播内容的呈现形式的多元化，这决定了融媒时代新闻传播形态将继续朝着多元化的方向发展。

一、手机媒体新闻传播形态创新的体现

21 世纪初手机普及，经过几年的发展尤其是在 2010 年之后，手机不再只用于打电话和发短信，开始具备查看新闻、搜索信息的功能，这时一些新闻开始在手机中广泛出现，这是手机在更新换代中的第一次飞跃。如今由于多媒体技术再度革新，手机媒体新闻也开始展现出更多的新形态，这是手机的第二次飞跃。融合多种新媒体技术的手机新闻传播将会是主要趋势。马萨诸塞技术学院的尼古拉斯•尼葛洛庞帝在 1978 年说："数字化的融合会是 30 年之后的潮流，而手机会成为媒介新的宠儿。"正如尼葛洛庞帝所说，全方位、立体型、多元化、多视角的手机新闻正在悄然诞生，它打开了人们的新闻视野，优化了受众的新闻接收体验，逐渐成为生活的必需品。

（一）新闻生产即时化

在媒体发展初期以及刚刚融合时期，记者被称为"背包记者"，这是因为记者常常背着一个硕大的背包，背包中装有各种工作设备，如录音笔、照相机、摄像机等。这些"背包记者"会在现场随时进行采访、记录，虽然这种工作方式能够对新闻资源进行比较全面的收集，但是其工作比较复杂，效率也很低。

不过手机媒体逐渐发展并兴起之后，"移动记者"开始进入大众的视野。"移动记者"指主要运用智能手机进行新闻资料采写和加工的记者，之所以出现"移动记者"，是因为手机技术取得了重大进步，利用手机可以完成之前利用整整一背包设备才能完成的工作，记者可以用手机随时随地拍照、录音、摄像，搜集到比较充足的素材之后，仅运用手机就能对这些素材进行加工和发布，保证了新闻生产的即时性。

（二）报道模式多样化

最早手机只是便于群众了解各种信息、进行信息搜索的工具，作为受众获取信息的渠道，其与传统的报纸、广播等相比，并没有什么不同。不过伴随手机媒体的不断发展、相关技术的更新迭代，融媒时代手机出现了新的功能，聚合了多种媒介符号和形式，开始表现出自己独特的形态，它不仅便于受众获取新闻资讯，便于记者发布新闻，还能在最短时间内使用最适合的报道符号，最全面地展示特定的新闻事实，做到速度和深度兼顾。

手机新闻报道一方面保留了传统媒体的特点，即对新闻进行搜集并进行发布，另一方面也具有较多的新媒体的特点，既能够表达新闻所要传达的主旨，也能在新闻的传播过程中，加入更多元素，使用多样化、多维度的报道形式，给受众带来全新体验，达到吸引更多受众的目的。

（三）文本内容简洁化

在传统纸媒时代，发布新闻需要做大量工作，而受众也需要较多时间去阅读，还要从众多的新闻信息中找到重点信息，以满足自己了解实时资讯的需求。这种传媒模式固然能够有效传播新闻，但是其效率并不高，既要耗费大量资源，又要消耗受众大量时间去进行新闻信息筛选和阅读。同时，传统纸媒表现形式单一，没有视频和音频，受众在阅读中容易感到枯燥和乏味。目前我国社会已经进入新的经济发展阶段和融媒时代，时间对于每个人来说都变得更加重要，在同样的时间内，人们希望能够做更多工作，“效率”二字成为人们最为关注的。在这种背景下，为了实现更加高效、更加快速、更具个性化的目标，新闻工作者运用多媒体技术传播新闻。多媒体技术下的新闻文本内容往往比较简洁，如文本标题语句缩短。但简洁并不意味着信息匮乏，而是在简洁的同时，表现出更强的针对性，针对不同需求的受众提供更具个性化的新闻报道。同时，新闻包含多种形式，如音频、视频，密密麻麻的文字开始减少，使受众在查看新闻时没有较多的阅读压力。

从印刷时代到如今的电子时代，手机媒体凭借它自身的特点，融合了传统的新闻传播形态，为我们塑造了一个崭新的新闻传播时代，内容愈简、内容愈精，在文本简洁化的同时却更具针对性、趣味性，真正把阅读新闻变成了一种享受。

另外，如今的手机新闻也在朝着“低语境”的目标努力。所谓“低语境”指新闻的语言要以通俗易懂的语言为主，尽量避免使用过于专业、难懂的词汇，以降低受众阅读新闻的难度。一方面，使受众在阅读新闻信息时更容易理解新闻的主要内容，可以把看新闻当作一种放松，更加乐于阅读手机新闻；另一方面，简练的语言能够大幅减少受众阅读新闻的时间，使受众在最短时间内了解更多信息。

（四）传播情境移动化

手机媒介技术的不断发展，给受众获取信息带来了很大的便利，这主要与手机的便携特性有关。受众可以随时随地接收新闻信息，一方面，打破了受众从前只能在办公室用电脑查看新闻的传统模式，受众无论是在地铁上、火车上，还是在公交上，都可以接收新闻，真正实现了“在路上”读新闻；另一方面，打破了受众在固定时间读新闻的模式，受众可以把大量零散时间充分利用起来，提升时间利用率，尽情享受手机媒体为自己提供的服务。

手机新闻媒体的情境移动还体现在相对于网络新闻的发展与升级中。正如人们所熟知的那样，传统新闻阅读必须要依托一定的基础条件，受众要有自己的电脑，而电脑又只能放在室内固定位置，这给受众带来了极大的限制。而手机技术不断革新，极大地增强了用户阅读新闻的自由性、自主性，并且提升了阅读体验，使原本引领、主导市场的网络新闻传播瞬间黯然失色，实现了传播情境的移动化。

（五）传播服务人性化

手机新闻传播具有极为明显的人性化特征，改变了以往单调的新闻传播方式，融合了报纸、广播、电视等多种传统媒介的传播形态。

手机可以调整字号，不同的人对于字号有不同的要求，老年人由于视力水平下降，容易出现老花眼的情况，他们喜欢较大的字，这样看起来更加清晰；年轻人喜欢“一目十行”，直接将所有信息一览无余，则会选择小字号，便于更快速地了解新闻报道的主要内容。同时，修改文字颜色、界面背景等功能，给了受众更多选择，将文字改成自己喜欢的颜色，能够增强受众阅读时的趣味性。到了夜晚，受众将界面调成暗色，能够减轻光线对于眼睛的刺激。

手机可以更具针对性地推送新闻消息，不同受众有不同的搜索习惯，手机媒体能够利用大数据技术，根据这些习惯对不同受众推送不同的新闻消息，这些新闻消息能够满足不同用户的偏好。同时，这些大数据技术能够让受众更加轻松地获取自己感兴趣的新闻信息，这也是传播服务人性化的重要体现。

手机有多种人性化设置与人性化按键，专业人员会经常对手机进行测试和研究，以帮助受众找到最为舒适、最为便捷的操作模式，从而使手机设置更加人性化，帮助受众设计更多便于操作的按键，或者让受众能够快速找到近期所阅读浏览的新闻。

此外，手机新闻传播还具有极强的交互性，这也是其传播服务人性化的又一重要体现。交互性能够明显弥补传统媒体单向传播的不足，在传播者与受传者之间搭建起一座桥梁，使受众不仅可以获取消息，还能主动表达自己的见解，甚至能够在一定程度上影响新闻报道。

二、手机媒体新闻传播形态创新的意义

手机媒体新闻传播形态的创新体现在方方面面，总的来讲，都是以受众作为重点服务对象，体现了“以人为本”的主旨。无论在新闻事业创新的哪一个环节上，手机媒体都要

把受众体验的提高作为目标，只有这样才能进一步提高手机新闻的影响力，进一步提升社会效益与经济效益。而在新闻与相关行业的不断发展中促成的媒体革新，必然会在多个层面展现出其应有的价值与意义。

（一）人类感知与理性的延伸

如果报纸新闻的存在形态是人类语言的延伸，广播新闻是人类听觉和语言的延伸，电视新闻的存在形态是人类视觉、听觉的延伸，那么手机新闻的存在形态就是人类感知与理性的共同延伸，其不仅可以让人实时获取千里之外的新闻，同时还可以让人迅速找到最想要了解的信息。手机新闻的传播形态让人们可以“足不出户纵观天下事”。手机媒体是一种以手机为载体的媒体，人们已经将随身携带手机变为一种习惯，手机已经变成人类“肢体”的一部分，没有了手机，人们感知与分析的能力将大打折扣。并且，手机新闻通过与社交媒体应用的结合，使新闻可以在社交群组中更加迅速地传播，全面实现了人类自身的延伸和扩展。

作为国内最受欢迎、好评率最高的互动分享和个性化定制的阅读平台——ZAKER，其成功的原因是它通过对用户的浏览喜好和平时阅读习惯的数据分析，将资讯、报纸、杂志、图片、微信等众多内容，按照用户需求聚合到一起，实现深度个性化定制。ZAKER打造出了一个前沿的资讯轻社区，，满足用户基于不同阅读兴趣的互动话题讨论，同时打通多个社交媒体平台，所有内容都可以通过邮件、短信、微博、微信、QQ 等转发分享。这样一个会分析喜好、会过滤垃圾广告的新型手机新闻软件，让我们看到了手机新闻的全新传播形态。

（二）构建全新的公共话语平台

德国的哲学家哈贝马斯认为公共领域就是“政治权力之外，作为民主政治基本条件的公民自由讨论公共事务，参与政治的活动空间”。而新闻是社会普遍认可的公共话语。互联网新闻的出现，让这样的公共领域拓展到了“地球村”。而手机新闻形态的出现和创新，让公共话语平台达到了一个前所未有的覆盖程度。

人人都可以实时发表自己的主张、参与评论、表达对别人的看法、提出对社会现象的质疑，让受众切实参与对公共事务的讨论。人们可以在获取手机新闻的第一时间发表意见，提出想法，指出现实弊端，利用舆论压力促使相关责任人承担责任、改善工作，以做到有效的监督，这样可以使有关部门及时了解民意及社会问题症结，及时处理，有效改善。但与此同时，公众也应该做到独立思考，并对信息进行有效的核实，以预防不法分子利用公众舆论制造假新闻，影响社会和谐。这样一来，如何做一个合格的“把关人”，就显得尤为重要。这就要求我们在鼓励公共话语平台繁荣发展的同时，对其实施强有力的监管。

毋庸置疑，手机新闻将以它独具特色的存在形态、无线移动的便捷优势，构建一个全新的公共话语平台，让受众在更短的时间内接受新闻信息，并能形成互动，发出自己的声音。

（三）与大众媒体共生，形成独特效应

媒体融合时代，手机媒体改变了既有的信息传播格局，在信息传播上的优势相对于传统大众媒体来说是全方位的，但却并没有使大众媒体消失，相反两者构成了共生状态。一方面传统大众媒体在以新媒体构建的传播逻辑中努力寻找可以使自己重新焕发生命力的有效途径，实现数字化转型；另一方面手机媒体也在极力从传统大众媒体那里获得一时还不能得到的一些资源。两者相互借力又相互竞争。

1. “蝴蝶效应”

“蝴蝶效应”本是一个气象学上的概念，是说某地一种微小的气流变化，过不了多久就会在另一个地方引发大的气象变化，即所有事物皆相关。将“蝴蝶效应”应用于信息传播，一方面要看到传播是一个发散的过程，一方面要特别注意任何传播必然有一个信息源，信息源会产生一个传播过程，即“蝴蝶效应”。

手机新闻传播速度的快速、影响的广泛，是任何其他媒体都无法比拟的。从社会意义上来看，“蝴蝶效应”也是传播主体的大众化和信息传播的自由化的另一种体现，传播主体利用手机这种媒介发布话题，在制造新闻的过程中成为传播中心，在引起人们热议的同时，行使自己的话语权。但话语权的行使还在于接收者的不断反馈，从而形成新的话语，这种反馈具有较强的影响力，而这种影响力也终会在产生重大社会反响时生成意义。

2. “共鸣效应”

手机新闻的传播使传播者的消息来源更广泛、受众获取信息的渠道更畅通。一个新闻能够在更快的时间内传播给更多的受众群体，权威的报道和评论也能在最短的时间段在受众中形成一种舆论反应，在社会中形成影响，即产生“共鸣效应”。

手机新闻内容渐渐成为人们谈论的主要话题，成为人们茶余饭后的谈资，如何利用手机实时获取新闻消息得到了人们的关注。由此看来，手机新闻传播的发展潜力巨大。充分利用手机新闻时发时转、快捷接收这一特点，发挥手机新闻的“共鸣效应”，不仅可以促进社会形成更好的共识，还可以促进民族团结、社会和谐和提高国家凝聚力。

三、新闻传播形态的未来展望

随着现代生活节奏的不断加快，人们的新闻阅读逐渐呈现出碎片化发展趋势，更多人喜欢利用等车、候机、如厕、乘电梯等零碎时间来浏览新闻。手机媒体凭借其便携、呈现能力强的特点，当仁不让地成为受众的“新宠”。手机新闻未来发展潜力巨大。

（一）手机新闻传播内容多样化

受众在使用手机媒体的过程中，在感受信息消费轻松化的同时也会更加重视新闻信息的内容、报道分析的效力等。信息对受众的有用程度，是衡量手机新闻价值的关键。在“媒介为王”“渠道为王”“匹配为王”盛行过后，在移动互联网时代不断更迭的产品和技术背后，更为重要的仍是支撑着新闻产出与供给的内容质量。“内容为王”永恒不变。

1. 加强与主流媒体的交流合作

主流媒体无论它是什么形式的都会深深地吸引受众，牢牢地掌控着话语权。因为主流媒体以严肃、深刻、真实的新闻内容赢得受众的信任和追随。主流媒体的新闻报道和评论总是能引起社会的热议和广泛关注，拥有强大的影响力，具有普通媒体不可超越的权威性和地位。

而手机媒体在迅速发展的同时呈现出了许多弊端，一味地求快导致大量的剽窃，克隆的新闻内容飞速传播，真实性无从考证，越来越多的新闻失实，越来越多的受众提出质疑，这样只会渐渐降低受众对手机新闻的信任程度，降低受众忠诚度。公信力是媒体的生命线，一个没有公信力的媒体所进行的传播，与自言自语没有区别，这样的媒体将无法存活。

手机媒体必须加强和主流媒体的交流，关注主流媒体发展的最新动向，实现与主流媒体的业务捆绑，提升手机新闻传播内容的影响力和公信力，从而拓宽新闻来源通道，传递正确的价值观。首先要注重新闻的地域性特点，加强对本地新闻的报道，尤其是本地的现场新闻、民生新闻等和人们生活息息相关的新闻，并据此来吸引受众的关注。比如，本地发生的重大事件的“首发”，抢占先机不仅可以提升手机新闻的影响力，同时可以使当地受众产生依赖，从而形成一批忠实的受众群。其次要跟踪社会热点，社会热议话题一般具有一定的时效性且具有强大的影响力，这就要求手机媒体在新闻传播时要以严肃、公正的态度做出最真实、权威、理性的分析，把握正确的舆论导向。最后要充分挖掘新闻背后的故事，在新闻发生之后做深入的跟踪报道，理清事件的来龙去脉，准确地分析问题的关键和解决的办法，让受众可以更加全面地了解新闻背后的真相。

2. 建立 UGC 信息补充机制

“UGC（user generated content）即‘用户生产内容’，指网友将自己 DIY 的内容通过互联网平台进行展示或者提供给其他用户，用这种方式实现对传统新闻来源的广泛补充。”

UGC 最初盛行于韩国，主要特点是应用于移动平台上的个性化展示，在 2005 年随着国内 Web 2.0 技术概念的提倡而大肆兴起，因手机集照相、摄像、录音、记录等多功能于一体，受众在接收新闻的同时，也能够有机会自己制作“新闻”，这成为 UGC 中重要的一环。来自四面八方的不同的声音越来越多，人们利用自媒体网络平台吸引更多的关注，自媒体得到迅速发展。人们不再被动地接收信息，而是主动获取新闻资讯，从而对事物做出判断。

以自媒体为代表的 UGC 跟其他专业媒体主导的信息传播有所不同，它的信息传播以普通大众为主要力量，其由传统的“点到面”的传播转化为“点到点”的对等的传播。但是目前，还没有形成一定的规范来确定从自媒体平台发出的消息哪些可以定义为新闻，哪些又只是简单的传播行为。从自媒体平台发出的“新闻”还只是停留在论坛、手机博客、微博、微信以及新兴的手机新闻客户端评论平台或网站中。自媒体现存的主要表达途径还没有得到开辟。内容也没有核心，往往是受众随意感知到的认为有价值的信息。自媒体平台的兴起得益于它的平民化、互动化、易操作等特点，但其所具有的真实性缺失、标题党层出不穷、专业化程度低等问题，也呼唤着合理规范与体系化管制的出现，让自媒体新闻成为主流媒体手机新闻的有益补充。

因此，要建立一个专业的管理平台来对自媒体内容进行把关，从而筛选出可以作为新闻的内容，在拓宽新闻信息来源渠道的同时提高受众的参与度，同时伴随受众的踊跃加入，新闻的信息来源将得到无限扩大，手机新闻的内容也将越来越完善。

（二）手机新闻传播形式的全方位更新

手机媒体时代新闻传播形式的迅速变化以及其特有的特点影响了人们对新闻的认识，改变了人们的传统看法。科技的发展、媒体的激烈竞争促使我们及时转变思维模式，创新传播理念，丰富新闻的表现形式，以满足大众的阅读需求。

1. 新闻生产形式：媒体编辑向产品经理转型

产品经理（product manager），又称品牌经理（brand manager），是企业守门员、品牌塑造者，更是营销骨干。产品从创意到上市，所有相关的研发、调研、生产、预算编制、广告、促销活动等等，都由产品经理掌控。延伸到手机新闻的生产领域，面对传媒行业的整体转型，传统编辑已无法适应传媒领域的激烈竞争，必须逐渐向产品经理转型，以提升手机新闻质量，塑造手机媒体品牌形象。

手机媒体编辑需要学习产品经理全方位考量企业产品与服务的眼光，重新审视手机媒体用户在消费媒体内容时的需求，即快捷、即时以及个性化。深化为产品设计中对不同形式新闻的区分化采编，简短的概要内容可以满足受众快速获取新闻信息的需求，而深入全面的分析可以让受众更全方位地了解新闻背后的故事。

现阶段，虽然从媒体编辑向产品经理转型还未成为全行业的自觉意识，但部分手机媒体编辑已开始进行自发的尝试，依据受众的不同需求将新闻内容进行分类，目前一些浏览器和新闻 App 也已经有即时性、便携性和可视性等特性，这些影响内容交互的因素，也必将受到产品经理化的新闻编辑的有效运用。

在传统的媒体编辑具有向产品经理转型的意识时，原有的受众也将随之变为真正的用户，产品策划将和媒体内容一起成为手机媒体发展的动力。以往的媒体缺乏和受众的互动，而手机媒体则提供了新的信息服务模式，需在运营和管理上投入更多。编辑也要根据不同受众所喜好的方式来设计自己的内容及呈现形式。

2. 新闻展现形式：3D 新闻的全场景体验

手机媒体融声音、图片、文字等多种新闻形式于一体，在激烈的竞争中脱颖而出。但随着同类媒体相似度加大，审美疲劳和求新求异的心理注定会使受众对手机媒体的展现形式提出更高的要求，高感受度、高还原度极有可能成为新闻传播行业发展的新增长点。

纵观近年来广义传媒领域的行业创新，3D 视觉效果、全息模拟、体感效果等极富体验感的形式越来越受到追捧，受众主体意识的增强不仅体现在受众需求对个性化上，还体现在对产品所带来的真实感和体验感的需求上，相对于“被告知”，未来的传媒受众更倾向于身临其境地“去体验”。在这种趋势下，3D 新闻很可能成为未来手机新闻的发展趋势，其将借助相应的 3D 技术手段，使得新闻场景立体化、无死角地重现在用户面前。传统新闻媒体在剪辑过程中经过了人为选择，采编人员往往会对新闻事件的重点和倾向有所取舍，受众必然会受到采编人员私人化选择的影响，而在 3D 新闻对新闻现场的还原和全景展现中，新闻真实和个性化解读将成为可能。

3. 新闻传播形式：线下活动与线上传播相结合

目前，手机新闻的传播主要集中在线上，即通过网络宣传、分享、推送等方式提升新闻传播效果，进而塑造手机传媒企业的品牌形象。然而这种传播方式终究是单一的，手机新闻媒体的用户流动性强于传统媒体，这不仅是因为同类产品的可替代性强，还因为手机媒体没有采取提升用户忠诚度的相应措施。形成并维护较为稳定和明显的受众群体，必将在一定程度上推动手机新闻媒体形成专业化和特色化趋势。

为了形成较为稳定的受众群体，手机新闻媒体的传播形式也需与时俱进，举办座谈会、讲座、同城聚会等线下活动并不是传统媒体的特权，手机新闻媒体有着自身的灵活性，为随时随地的新闻传播提供了可能，也同样可以利用这种灵活性即时或定时地以某一话题聚集部分用户，为用户的线下活动提供支持。在线下活动中与用户面对面零距离沟通，无论是“一对多”的观点讲述，还是“多对多”的头脑风暴式观念碰撞，在巩固用户群的同时，线下活动也将在推动受众关注新闻热点，在聚焦重大事件的过程中发挥重要的凝聚作用。

（三）手机新闻传播技术的多元化走向

技术的更新换代，往往推动新的传播方式的出现，不仅使新闻信息的表现形式更加多元化，同时也提高了新闻的传播速度与广度，完善了传媒的整体架构。而每一次新闻传播实现历史性跨越都是由于技术的革新，新技术使新闻传播重新焕发活力，它贯穿了新闻发展的方方面面，技术的革新在新闻传播事业中起到至关重要的作用，这也让我们认识到，在发展新闻传播的同时要不断鼓励科技的创新。

1. 智能互联系统全面启动

智能手机的改革不断出现新突破，我们又迎来了崭新的5G网络时代，大大推动了手机新闻传播的发展，手机新闻传播将产生更大的影响力。很多新闻界学者都预言新的传播技术、新的传播形式的出现将会推动手机新闻媒体走向一个更高的巅峰。

手机智能互联系统可以帮助我们实现手机与家里、办公室、车里的相应媒介的共同关联，让我们不再局限于手机小小的屏幕，避免了传统媒体的不可选择、无个性推送、不方便携带、不具有实时性等弊端。我们可以通过蓝牙同步（MHL）实现电视屏幕、车载屏幕、联网投影等与手机屏幕的同步互动。

基于现有的科学技术水平，手机屏幕中的新闻声音、画面与同一无线网络之下的电视、车载屏幕、联网投影仪、音响等媒介设备，通过蓝牙连接能实现同步播放及远程控制、数据同步传输、控制指令及触摸坐标指令传输等，从而实现多屏同步互动功能，让人们不再局限于一个小小的屏幕，可以随时随地随心情地自由转换，同时当我们看到感兴趣的或者重要的新闻时也可以通过手机关联到家人的手机、电视或车载屏幕，做到新闻的实时分享，推送互动。比如，当我们用手机浏览到最近天气要降温的新闻时，可以实时推送到父母家里的电视上，让他们可以第一时间获取消息，及时预防，添衣保暖。这不仅让我们的视觉选择更加随意化，同时也大大提升了新闻的传播效率和传播范围，让我们的手机新闻接收体验变得更为便捷和人性化。

2. 手机 App 平台的技术创新

信息传递离不开人类视觉、听觉、触觉、嗅觉、味觉等感官体验的生理基础，感官的调动程度在很大程度上影响着个人对信息的感知强度和记忆时长，以往的新闻传播多建立在视觉和听觉的基础上，基于增强感官感受的角度，手机新闻传播的创新可以在视觉和听觉的技术革新中获取灵感。

为了带来更完美的视觉享受，一种增强现实技术（augmented reality，AR）可以为手机新闻图像的革新提供借鉴。AR 技术利用移动终端为硬件基础，生成一种还原真实的可看、可听、可触摸又能动的虚拟世界，根据特定图像的位置移动而移动。对于受众而言，这项技术不仅可以通过虚拟系统感知到客观世界，还可以打破时间和空间的限制，体验真实世界无法感知的经历，使用户和环境可以直接进行自然交互。简而言之，AR 技术就是通过程序自控，将平面图像通过声音、动画、动作等特效立体化呈现出来。除此之外，全息投影技术也就是虚拟成像技术，是在干涉与衍射的原理的基础之上使物体呈现虚拟立体图像的再现技术，不但可以生成虚拟的立体幻象，还能够让虚拟幻象与现实人物产生互动。如果手机新闻传播能够充分利用这些新型的视觉技术，一定会为受众带来全新的视觉享受。

在听觉效果的技术升级中，以 Siri 为代表的语音识别软件已提供了技术基础，手机新闻 App 广泛推广语音播报功能，不仅将为有视觉障碍的人提供便利，还使得广大用户在开车、进餐、处理简单事务的同时可以“一心二用”，提高新闻的传播效率。并且，互动性的语音识别也将成为手机新闻 App 急需推广的新用法，语音搜索相关新闻、语音添加评论将同时解放用户的双手和眼睛。

现阶段的手机新闻传播主要局限在视觉和听觉的范围内，而对于触觉、嗅觉和味觉等感官尚无法顾及，但人体的感觉其实都是转化为生物电传递到大脑中的，如果能够用电子信号来模拟生物电，很可能实现多种感官感受的电子信号传递，为手机 App 平台感官体验的升级换代提供更多的技术支持。

参考文献

一、专著类

[1] 保罗·布赖顿，丹尼斯·福伊. 新闻价值 [M]. 周黎明，译. 北京：中国人民大学出版社，2014.

[2] 卡琳·沃尔-乔根森，托马斯·哈尼奇. 当代新闻学核心 [M]. 张小娅，译. 北京：清华大学出版社，2014.

[3] 蔡铭泽. 新闻传播学 [M]. 广州：暨南大学出版社，2003.

[4] 陈力丹. 马克思主义新闻观思想体系 [M]. 北京：中国人民大学出版社，2006.

[5] 陈绚. 新闻传播伦理与法规教程 [M]. 北京：中国传媒大学出版社，2006.

[6] 董天策. 网络新闻传播学 [M]. 3 版. 福州：福建人民出版社，2009.

[7] 郝雨. 中国媒介批评学 [M]. 上海：上海大学出版社，2015.

[8] 黄瑚. 新闻传播伦理与法规实用教程 [M]. 北京：高等教育出版社，2011.

[9] 姜平. 媒介融合教程 [M]. 武汉：武汉大学出版社，2015.

[10] 雷蔚真. 跨媒体新闻传播理论与实务 [M]. 北京：中国人民大学出版社，2012.

[11] 李开复. 微博：改变一切 [M]. 上海：上海财经大学出版社，2011.

[12] 李良荣. 新闻学概论 [M]. 5 版. 上海：复旦大学出版社，2013.

[13] 廖永亮. 舆论调控学：引导舆论与舆论引导的艺术 [M]. 北京：新华出版社，2003.

[14] 林凌，濮端华，张帆. 新闻学概论 [M]. 北京：化学工业出版社，2011.

[15] 刘凡，杨萍. 新编新闻学概论 [M]. 广州：暨南大学出版社，2011.

[16] 刘海贵. 新闻采访教程 [M]. 上海：复旦大学出版社，2013.

[17] 刘行芳. 新闻法治与新闻伦理 [M]. 郑州：郑州大学出版社，2013.

[18] 刘宏，栾轶玫. 新闻传播理论 [M]. 北京：中国传媒大学出版社，2016.

[19] 刘建明. 当代西方新闻理论 [M]. 北京：中国人民大学出版社，2015.

[20] 刘建明. 媒介批评通论 [M]. 2 版. 北京：中国人民大学出版社，2012.

[21] 刘建明. 中国媒介批评史 [M]. 福州：福建人民出版社，2011.

[22] 刘建明，等. 新闻学概论 [M]. 北京：中国传媒大学出版社，2007.
[23] 刘建勋. 新闻传播理论概要 [M]. 北京：北京大学出版社，2007.
[24] 马克思主义新闻观教程 [M]. 北京：中国人民大学出版社，2015.
[25] 牛静. 新闻传播伦理与法规：理论及案例评析 [M]. 上海：复旦大学出版社，2015.
[26] 彭菊华. 新闻学原理 [M]. 2 版. 北京：中国传媒大学出版社，2014.
[27] 邱道勇. 微信改变世界 [M]. 北京：中国财富出版社，2003.
[28] 孙旭培. 新闻传播法学 [M]. 上海：复旦大学出版社，2008.
[29] 孙雅妮. 广告传播学研究 [M]. 郑州：郑州大学出版社，2013.
[30] 童兵. 比较新闻传播学 [M]. 北京：中国人民大学出版社，2002.
[31] 童兵. 马克思主义新闻经典教程 [M]. 上海：复旦大学出版社，2009.
[32] 王菲. 媒介大融合：数字新媒体时代下的媒体融合论 [M]. 广州：南方日报出版社，2007.
[33] 吴建. 广告传播教程 [M]. 成都：四川大学出版社，2012.
[34] 吴文虎. 传播学概论 [M]. 湖北：武汉大学出版社，2000.
[35] 殷俊. 新媒体产业导论：基于数字时代的媒体产业 [M]. 四川：四川大学出版社，2009.
[36] 张举玺. 中俄现代新闻理论比较 [M]. 北京：社会科学文献出版社，2011.
[37] 张莎丽. 广告设计与制作 [M]. 北京：中国劳动社会保障出版社，2014.
[38] 张威. 比较新闻学：方法与考证 [M]. 修订版. 北京：清华大学出版社，2013.
[39] 郑保卫. 马克思主义新闻经典论著导读 [M]. 北京：中国人民大学出版社，2007.
[40] 郑保卫. 新闻理论新编 [M]. 2 版. 北京：中国人民大学出版社，2014.

二、期刊类

[41] 蔡雯. 新闻传播的变化融合了什么：从美国新闻传播的变化谈起 [J]. 中国记者，2005（9）：70-72.
[42] 陈力丹. 谈谈我国报业发展的趋势 [J]. 新疆新闻界，1998（6）：13-15.
[43] 邓建国. 管窥美国新闻传播院校媒介融合课程改革中的经验与教训：以南加州大学新闻系的试错为例 [J]. 新闻大学，2009（1）：15-16.
[44] 高晓华. 新媒体视角下新闻传播创新模式探讨 [J]. 中国报业，2018（15）：78-79.
[45] 韩隽. 国外新闻传播学教材形理解析 [J]. 中国大学教学，2007（2）：23-24.
[46] 贾菁. 论媒体融合时代新闻传播教育的变革 [J]. 中国报业，2012（6）：31-32.

[47] 金石麟. 探析新闻传播对文学传播形式的影响 [J]. 传播力研究，2018，2（24）：151.
[48] 庞亮. 关于我国网络媒体与传统媒体融合发展的几点思考 [J]. 中国广播电视学刊，2002（3）：37-38.
[49] 廖圣清. 中国受众与新闻媒介 [J]. 新闻大学，1997（2）：23.
[50] 刘鹏. 市场环境下的报业可持续竞争战略 [J]. 新闻知识，1999（2）：12.
[51] 刘文可. 大数据在新闻传播领域的应用 [J]. 传播力研究，2018，2（24）：250.
[52] 刘艳辉. 当代新闻传播的价值与方向 [J]. 传播力研究，2018，2（22）：48.
[53] 尚恒志. 媒体融合背景下新闻传播教育的改革与实践研究 [J]. 新闻传播，2014（2）：56.
[54] 张广蓉. 论新闻传播中新媒体技术的应用 [J]. 中国传媒科技，2018（8）：96-97.
[55] 张昆. 新闻传播史演进的三大规律 [J]. 新闻大学，2008（2）：58.
[56] 张宇荣. 新媒体时代新闻媒体传播与发展探讨 [J]. 传播力研究，2018，2（22）：92.
[57] 赵伟东. 新闻传播史教学四路径 [J]. 新闻战线，2009（10）：98.
[58] 赵振宇. 关于新闻策划的几个问题 [J]. 新闻与写作，1998（8）：16.
[59] 朱春阳. 媒介融合规制研究的反思：中国面向与核心议题 [J]. 国际新闻界，2009（6）：49.

三、硕博论文类

[60] 包乌云. 融合报道中的数据可视化研究 [D]. 长春：吉林大学，2017.
[61] 贺琛. 新闻传播者的道德责任研究 [D]. 长沙：中南大学，2013.
[62] 黄思云. 大数据视域下数据新闻研究 [D]. 南昌：江西财经大学，2017.
[63] 黄婷婷. 财新网数据可视化实践研究 [D]. 重庆：西南大学，2017.
[64] 刘丽娟. 融媒时代广播发展策略研究 [D]. 西安：西北大学，2013.
[65] 彭辉. 大数据时代的新闻变革研究 [D]. 桂林：广西师范大学，2015.
[66] 孙健康. 大数据背景下数据新闻的可视化研究 [D]. 南昌：南昌大学，2017.
[67] 王瑞瑶. 数据新闻生产研究 [D]. 西安：陕西师范大学，2017.
[68] 赵鹏. 数据新闻民生报道的传播效果研究 [D]. 沈阳：沈阳师范大学，2017.